Juntos Carrera hacer

JOSH DOUGLAS

[Juntos Carrerahacer]

El entrelazamiento de carreras profesionales yFamilia en alianzas académicas.

Contenido

1. "Vidas Enlazadas" en Ciencias – Desafíos para las carreras profesionales.y arreglos de coordinación

El tema de este libro son las relaciones dentro y fuera de la sociedad. factores el el carreras profesionales de Mujer y hombres influencia, si viven en una sociedad académica. Estas son asociaciones en aquellos ambos pareja arriba a titulo academico y con eso arriba a tienen un potencial muy alto para carreras profesionales. Diversos sub- búsquedas a carreras profesionales de Mujer y académica espectáculo, que los mayores recursos educativos y experiencias profesionales de Mujer frecuentemente no en profesional carreras y arriba con eso nivel de pareja no se conviertan en carreras duales. Tal es la proporción de los llamados Parejas de un solo ingreso, en las que sólo el hombre está empleado, con sociedades han caído del 44% (1971) al 17% (2004) (cf. Solga/ rusconi 2008). sin embargo poner también 2004 el Parte en parejas académicas, en el que ambos ejercían una actividad profesional a tiempo completo, únicamente en 30% En muchos este asociaciones tiene sí mismo con eso el papel profesional el Mujer cambios, es decir ella ir hoy mayoría un empleo después. Sin embargo, esto sucede a menudo a tiempo parcial y no siempre en consecuencia. su nivel de educación. A pesar de las considerables inversiones en formación de ambos pareja tiene el plural el asociaciones académicas No carrera doble acuerdo.

¿Por qué es tan difícil lograr carreras duales? Y por qué ¿Siguen fallando en su mayoría debido a la carrera de la mujer? En esto Un libro desear nosotros Respuesta en este Preguntar dar y a nosotros incluido En particular con las carreras profesionales de mujeres y hombres en la ciencia ocupar. El supuesto básico de nuestros análisis es que las carreras duales son el resultado de factores internos y externos que no son entre sí acto, bastante en uno recíproco Relación el uno al otro pararse. Esto significa que las instituciones del mercado laboral determinan conjuntamente la lógica de la carrera y las culturas profesionales de las disciplinas científicas y los acuerdos de coordinación entre socios, en qué medida el ritmos el trayectoria de carrera el ambos pareja jerárquico o no importa

JOSH DOUGLAS

tär ser conciliado (puede ser) y si el profesional respectivo éxito de ambos Socios (des)iguales es (ver sección 1.3).

La base de datos del libro es la colección de más de 1.300 estándares entrevistas a lo largo de la vida con científicos de diferentes Alemán colegios así como de 45 centrado en el tema cualitativo Entrevistas (ver sección 1.4). Estas entrevistas y su análisis tuvieron lugar en Como parte del proyecto "Hagamos carrera juntos. El entrelazamiento de carreras profesionales y Familia en alianzas académicas" en el Conocimiento- Centro de Investigación Social de Berlín (financiado por el BMBF y el Fondo Social Europeo, véase el Prólogo en este Un libro).

El tema de este capítulo es, en primer lugar, nuestro análisis de la campo ocupacional Ciencia así como el histórico Desarrollo de carreras en el Incrustar contexto de par (ver Secciones 1.1 y 1.2). Después comentarios sobre el marco analítico y las preguntas centrales posiciones del libro (Sección 1.3), sobre la base de datos (Sección 1.4.) así como la definición de carreras duales como se usa en el libro (Sección 1.5). Finalmente, importantes resultados de la posterior los capítulos con respecto a la pregunta central del libro después de la obstáculos para y condiciones de realización de carreras duales en Sociedades académicas contabilizadas (Sección 1.6).

1.1 Mujeres en la ciencia

La universidad más antigua de Europa es la Facultad de Derecho de Bolonia. 1088 Con eso mirar europeo colegios en uno arriba 900 años Historia atrás - una historia, sin embargo, desde la cual las mujeres hasta el último diez años fueron persistentemente excluidos. En los Estados Unidos, las mujeres eran admitió por primera vez a la universidad en 1833. En Europa tomó reitern" Francia y Suiza hasta 1865. Y en Alemania se convirtieron en mujeres incluso no hasta 1908 el Acceso estudiar en todos paises de aleman Reichs permitido (Geenen 1994: 23f.). Sin embargo, hasta 1920 se les permitió no habilitar (Mertens 1989: 5). Carreras profesionales de las mujeres en de la ciencia a mayor escala son, pues, un fenómeno relativamente joven hombres.

El aumento de la proporción de mujeres entre los estudiantes en Alemania hasta a la paridad actual de alrededor del 50% fue un proceso largo. hasta Al comienzo del Tercer Reich, la proporción de mujeres entre los estudiantes aumentó siguiente relativamente rápido al 19% (1932). Con el género fuertemente tradicional Después de la ideología del nacionalsocialismo, la proporción de mujeres volvió a aumentar 15% (1939) (Mertens 1989: 3). Solo 1950 estuvo en las dos partes de entonces compartido de Alemania el nivel el Weimar república de nuevo

"Vinculado Vidas" en Ciencias

alcanzó. Desde la década de 1960, el milagro económico y la Al comenzar la expansión educativa, la proporción de mujeres aumenta constantemente, aunque con diferentes velocidades en la RDA y la RFA. mientras que igualdad de género en la RDA ya a mediados de la década de 1970 a la hora de estudiar (Geißler 1996: 278), esto duró en la República Federal de Alemania o en la Alemania reunificada hasta la transición al siglo

XXI. El degradación de desigualdades en el general Acceso Para el Estudios entre hombres y mujeres jóvenes tomó casi un año centenar.

Entre el asignaturas da él tamaño diferencias acerca de de historia de este desarrollo, así como en la proporción de mujeres alcanzada hoy. tan estudiado ya en la República de Weimar las mujeres sobre todo la medicina y la filosofía sujetos cal. En el Tercer Reich, la mencionada disminución de mujeres compartir de ninguna manera igualmente arriba todo asignaturas repartido. dado de Contrario-entre creencias ideológicas e intereses económicosDesde entonces ha aumentado la proporción de mujeres en medicina y farmacia; especialmente en el filosófico asignaturas así como el Ciencias del derecho se hundió él sin embargo (cf. Mertens 1989).

Esta *segregación horizontal* en los campos de estudio de mujeres y hombres pone sí mismo hasta hoy lejos. Entonces mentiras Por ejemplo hoy el proporción de mujeresentre los alumnos de primer año de la medicina humana y el lenguaje y estudios culturales con un 66% y un 74% respectivamente, en matemáticas y ciencias naturales al 41% y en ingeniería al 22% (consulte Ilustración 1.1). Responsable para esto son no más formal acceso restricciones, pero los procesos de socialización, las ideologías de género y cultura profesional Estereotipos de genero así como trabajo específico Carrera profesional- oportunidades para las mujeres (cf. Solga/Pfahl 2009).

En todas las disciplinas, sin embargo, la proporción de mujeres del El doctorado disminuye con cada nivel de carrera, es decir, las mujeres en mayor medida como incluso educado Hombres el científico carrera dejar (debe) (ver Figura 1.1). Sin embargo, en comparación con la década de 1990, están aquí. algunas mejoras a destacar, sin embargo, es particularmente evidente en las cátedras, especialmente en el nivel más alto (los programas C4 o W3) fessuren) – otra fuerte caída en la proporción de mujeres en comparación con aquellos con un doctorado, cátedra junior o habilitación. la comparacion de Los nombramientos para las cátedras C4 y W3 (nombrados desde 2005) indican muestra una ligera tendencia alcista; Lo mismo se aplica a la comparación de los en proporción de cátedras junior y habilitaciones. Dado que El cambio generacional y la mayor posibilidad asociada de nuevos nombramientos de cátedras en los últimos diez años, esta empresa Sin embargo, la diferencia o el aumento pueden evaluarse como relativamente pequeños. después finalizando de alternancia de generaciones (es decir lejos aprox. 2016) convertirse – sin ver- igual expansión universitaria Cómo Fin el 1960 y a comienzo el *JOSH DOUGLAS* década de 1970: se llenaron significativamente menos cátedras, por lo que las compartir (excluyendo "cuota" u otros esfuerzos efectivos de igualdad de oportunidades) entonces se moverá aún más lentamente hacia arriba, si él está bajo el Condiciones de tal escasez de puestos de trabajo y aumento de la competencia. en absoluto seguirá subiendo.

Figura 1.1: Porcentaje de mujeres en diferentes etapas de un proceso científicoderecho de retención Carrera, 2009/2010 (en %)

Fuente: estadístico oficina federal (2009a: Pestaña. 4; 2009b: Pestaña. 3, 12; 2010: Pestaña. 7)

La sinopsis de estos hallazgos muestra que la desproporcionada lujuria de las mujeres en las diferentes transiciones de un científico chen carrera está presente en todos los grupos de asignaturas. Él encuentra no sólo en el masculino dominado disciplinas

Cómo el ingeniería o Las ciencias naturales tienen lugar, pero también en las disciplinas mixtas de Ciencias sociales, derecho y economía e incluso en el ámbito femenino. disciplinas dominadas como la lingüística y los estudios culturales o medicina humana. Proporciones crecientes o incluso iguales de mujeres en el estudioPor lo tanto, los graduados y los aprendices no traen automáticamente aumento o igualdad de oportunidades para las mujeres en los niveles superiores de la carrera académica con el mismo. Con el estudio de la mujer, la igualdad en el ámbito académico mercado laboral – y, como veremos (véanse los capítulos 3 y 4 de este semen Un libro), en el trabajo familiar - no inevitablemente dado.

"Vinculado Vidas" en Ciencias

Ciertamente, la universidad no sólo forma para la ciencia, y no todas las mujeres y hombres estudian y hacen un doctorado con el fin profesional ciencia o cátedra. Sin embargo, surge la pregunta de por qué Significativamente menos mujeres que hombres toman esta carrera o en permanecer en la ciencia y (pueden) alcanzar las posiciones más altas allí. Esta pregunta surge tanto más cuanto que las oportunidades de carrera fuera del Ciencia no absolutamente uno atractivo alternativa para Mujer representar. Por el contrario, allí también es evidente que las mujeres no utilizan sus calificaciones en la mismo Alcance Cómo Hombres en profesional carreras y posición de liderazgo puede implementar (cf. Holst 2009; Holst/Wiemer 2010). e incluso si se supone que algunas mujeres no *quieren ambos* , ni un automóvil trabajo en ciencia o en negocios o administración – se queda así la pregunta sigue siendo por qué no, cuando están en la educación (en algunos casos hasta un doctorado) han invertido tanto y durante tanto tiempo Hombres. Este libro aborda estas y otras preguntas (ver Apartado 1.3).

Sin embargo, para responder a esta pregunta, es importante no sólo que Requisitos y obstáculos en el campo profesional el Ciencia a respecto, sino también el contexto de vida y hogar de las mujeres. Sólo uno incrustación de requisitos de la carrera, profesional decisiones y Las trayectorias profesionales en el contexto de la pareja pueden ser una cuestión de capacidad y voluntad así como las barreras y condiciones de realización de la ciencia Carreras de las mujeres - comparadas con las de los hombres - respondidas adecuadamente convertirse (ver sección 1.3).

1.2 Requisitos para carreras científicas en la paquete doble

Como se mencionó anteriormente, históricamente las mujeres son un relativamente nuevo Apariencia" en universidades alemanas. Pero aunque la proporción de mujeres entre el estudiantes fuerte aumentó es, era y es el Ciencia dado de bajo proporción de mujeres en cátedras siempre aún uno Institución, el de los hombres conformado se convierte y cuyo trayectoria de carrera tradicional genero mussujeto a la división profesional y privada del trabajo (Geenen 1994: 23). Carreras académicas y sus requisitos en forma de lineamientos cambios, culturas de trabajo, estructuras de tiempo, así como expectativas de edad y disponibilidad todavía se basan, al menos implícitamente, en el tipo ideal de "biografía normal" masculina (cf. Geenen 1994; Jacobs/Winslow 2004; Caballeros/Richards 2003; lunes de 2010). Por lo tanto, lo que se necesita es uno centrado en el trabajo. Estilo de vida con una biografía profesional sencilla y completa. Cómo de sandra Beaufaÿs (2003: 243) impresionante descrito, se convierte de los científicos una devoción indivisa y una identificación completa catión con su Profesión esperado. Como legítimo indicadores para esto, eso personas esto (aparentemente) también *vive* , entre otras cosas simbólicamente sirven como tal comprender prácticas tales como la disponibilidad a tiempo completo, las horas de trabajo en fin o el Albardilla más extenso y mas inseguro trayectoria de carrera (con uno ingresos comparativamente bajos). asistencia y flexibilidad horaria así como las exenciones monetarias todavía se consideran evidencia más sólida desic Motivación, Determinación y esfuerzo como uno altura Calidadde trabajo o alta productividad a pesar de la limitada (disponible) Tiempo.
El cumplimiento o. satisfacibilidad este común y a

largo plazo " indicadores de desempeño temporal" afecta directamente la situación de la vida privada y estilo de vida de científicos. El científico cultura profesional requerido el completo Gente y pone con eso el descargar

"a través de un trabajo de fondo tácito" (para el hogar y posiblemente para los niños de cuidado), así como la flexibilidad espacial y temporal sin restricciones actúa antes que otra persona, principalmente la mujer (cf. Beck-Gernsheim 1983; Moen/Roehling 2005). Esto crea el tiempo necesario y espacial espacios libres para el Pareja, cuyo científico Carrera La prioridad es estar en buena forma física para el trabajo y los requisitos del trabajo. y mental en todos lados estar disponible a poder.

Este profesional-privado "Balance" el Division de trabajo es Para el a para las mujeres que quieren seguir una carrera científica, por regla general no dado y se convierte Para el otros también para Hombres entonces parcialmente a través de cuestionó el aumento de parejas femeninas con educación académica. comienzo de En la década de 1970, solo uno de cada siete graduados (entre 30 y 50 años) había Hombre en Alemania occidental uno académico educado pareja (15%); en el En 2004 ya era uno de cada tres (en toda Alemania; cf. Rusconi/ Solga 2007). Las mujeres con un título universitario, por otro lado, tenían en ese momento como hoy, alrededor de la mitad de ellos también tienen una pareja con educación académica. Con la expansión educativa entre 1971 y 2004, la proporción de Asociaciones académicas de solo el 1% de todas las parejas (de Alemania Occidental) al 9% (Todo alemán) aumentó (Rusconi/Solga 2007: 312).

Además, hay otro desarrollo interesante y relevante ción en el contexto par de académicos. En 1971, una de cada tres mujeres vivía con ellos. un grado académico sin pareja que los hombres estaban con es sólo el 11%

(es decir, aproximadamente cada noveno). Esa proporción de solteros se quedó con el mujeres (de 30 a 50 años) relativamente constante en el tiempo, entre los hombres sin embargo, subió al 27%. Es decir, incluso para personas con formación académica. hombres hoy en día, casi cada tercio no es a través de vivir con un Socio "atado" o "apoyado". Este desarrollo puede tenga en cuenta que los hombres altamente calificados enfrentan dificultades crecientes tener, uno "tradicional" Mujer a encontrar, y o a aumentó interés

"Vinculado Vidas" en Ciencias

empezar a establecerse profesionalmente antes de encontrar pareja eje con uno común Familiar y posiblemente con niños ingresar.

Las parejas académicas alemanas son a menudo, y más a menudo que las parejas con otros sus constelaciones educativas: parejas con doble fuente de ingresos. La razón de esto es la desde la década de 1990 ha habido un fuerte aumento en la fuerza laboral formado Mujer (ver. Ira/Konegen-Grenier 2008). Este saludos también academiamicro parejas con niños. En a ellos renunciar Mujer hoy claramente menos común a un empleo remunerado que antes. Mientras que en 1971 cada segundo Aka- pareja con al menos un hijo en edad escolar o menor solo el hombre estaba empleado, en 1997 esto solo se aplicaba a todos tercera pareja y en 2004 cada quinta pareja (Rusconi/Solga 2007: 319; 2004).

Sin embargo, esto no significa que los dos socios Las parejas con doble *ingreso* tienen cada una una carrera y, por lo tanto, *duplican* darse *cuenta* Incluso en 2004, una de cada cinco personas (entre 30 y 50 años) trabajaba mujer con educación académica en un trabajo que no requiere un título universitario (Rusconi/Solga 2007: 318). Y así se puede afirmar que el Realización de carreras duales en asociaciones académicas en su mayoría restricciones el profesional Desarrollo el Mujer falla

En el Ciencia, hay diferencias similares entre los hombres y mujeres con respecto al apoyo de un "back-trabajo básico" o con respecto a la vida en una sociedad académica. Mientras científicos en hacia Lejos hacia cátedra más a menudo como eran hombres sin pareja o en su mayoría con un nivel académico hombre casado y en un acuerdo de doble ingreso, si no de doble carrera gestos vivido tenía su masculino Colegas más a menudo Mujer sin titulo academico así como A- o "solo" arreglos de doble ingreso. Esto es lo que muestra un estudio sobre profesores de universidades alemanas en Mitte la década de 2000 que alrededor del 90% de los profesores en una asociación estable vivido pero "solo" 66% de ellos colegas mujeres (Habitación/Krimmer/Stallmann 2007: 148). Además, aunque los arreglos de doble *ingreso* para los profesores sorín Cómo profesores el mayoría forma de vida representar, pero mientras casi todos los socios de los profesores estaban empleados continuamente, era después de todo casi una quinta parte de los socios de los profesores (al menos temporalmente) sin empleo. Después de todo, alrededor de un tercio de los socios eran profesoras también profesor universitario (en el profesores eran este solo 5% de los socios), mientras que casi una cuarta parte (23%) de sus socios colegas hombres han sido profesores (Krimmer/Zimmer 2003: 29). Esto significa que los científicos masculinos y femeninos tienen muy diferentes diferentes retos y recursos para la realización de un académico Carrera profesional. Entonces escuchó por ejemplo, B. el profesión docente a aquellos profesiones, que están en demanda en todas partes (cf. Cooke 2003); esto facilita la búsqueda de empleo en uno nuevo Ubicación, si el Par porque *su* carrera de ciencias tiene que moverse. Una encuesta de las universidades alemanas de 2000 muestra además, que las administraciones universitarias se vieron en una posición, en particular, apoyar la búsqueda de empleo de los socios de los profesores recién nombrados, si este maestro fueron (cf. Rusconi/Solga 2002; Solga/Rusconi 2004).

Para las mujeres, una carrera en ciencias se asocia más a menudo con Restricciones a la hora de formar una familia. Comparado con la universidad disolventes en el general eran científicos en Alemán Universidades mucho más a menudo - también de forma permanente - sin hijos. durante tres una cuarta parte de todas las mujeres con educación académica (mayores de 43 años) tenían hijos, solo la mitad de las mujeres científicas (Metz-Göckel/Selent/ Schuermann 2010: 20). [1] Además, las mujeres científicas tenían menos (y menos) niños que sus contrapartes masculinas reclasifican Diferencia que aumenta con la edad o el nivel de carrera. [2] estoy En 2006, dos tercios de los profesores eran mujeres, pero sólo un tercio de los profesores sin hijos (ver. Metz-Göckel/Selent/Schuermann 2010). [3] En el científico edificio central (en el promocional o fase postdoctoral). la falta de hijos de las mujeres aún más alta (75%) - sin embargo en vista de la menor edad, probablemente algunos niños nacieron aquí. También aquí más hombres que mujeres ya tienen hijos, aunque el diferencia entre hombres y mujeres en esta fase de la carrera es menor que en el profesores sin embargo tener también Hombres en este Los pasajes de estado a menudo no tienen hijos (todavía) (71%). Esta alta falta de hijos capacidad entre los hombres y sobre todo entre las mujeres en las universidades alemanas los autores del estudio sobre los requisitos especiales y el empleo condiciones en el (Alemán) sistema de ciencia devolver, el a través de Largas trayectorias de cualificación y contratos de trabajo predominantemente de duración determinada. medio el cátedra marcado son. también pregunta ella desde Fin el 1990 un deterioro - una "creciente precarización" - el condiciones generales para científico carreras y con eso aumenta

---

1   Las cifras se refieren a Baden-Württemberg, Berlín, Brandeburgo, Baja Sajonia, Renania del Norte-Westfalia, Renania-Palatinado, Sajonia y Turingia, que juntas representan alrededor del 60% del personal científico de las universidades alemanas (Metz-Göckel/Selent/ Schuermann 2010:18).

2   En el caso de los científicos de 21 a 29 años, esta diferencia de género fue solo un punto porcentual, en comparación con siete puntos porcentuales entre los 43 y los 53 años (Metz- Goeckel/Selent/Schuermann 2010: 20).

3   En el estudio de Zimmer, Krimmer y Stallmann (2007: 147f.) "solo" una quinta parte de los profesores, pero la mitad de las profesoras no tienen hijos. En este último había un notable diferencia Este-Oeste: Mientras que casi todos (aunque muy pocos) pro- profesoras que habían completado sus doctorados en la RDA tenían hijos (94%), esto se aplica a menos de la mitad de sus colegas de Alemania Occidental (43%). Ver las explicaciones de esto Autores en una lógica de carrera diferente para carreras universitarias en la RDA, que dem Se siguió el principio de la "pista de tenencia", en una oferta de cuidado infantil bien desarrollada. así como en un menor atractivo de la ciencia como profesión (Zimmer/Krimmer/ mozo de cuadra 2007: 151f.).

"Vinculado Vidas" en Ciencias

acabar con las vulnerabilidades, la que inicia un confinamiento familiar (can), inamovible (Metz-Göckel/Selent/Schürmann 2010: 14). Esta afirmación se refuerza posteriormente con el hecho de que no hay pruebas de que el deseo de tener hijos esté aumentando en mujeres cualificadas y varíe del de otras mujeres; en realidad, la mayoría de ellos también necesitan uno o dos jóvenes (ver la Parte 3 de este libro y Esping-Andersen 2009: 28).

A pesar de los diseños de tiempo de funcionamiento y las vulnerabilidades monetarias de la ciencia, también son los cursos de acción de orientación de las asociaciones diez de los investigadores, una variable no menos grande para esto, si y cuándo los niños se conciben. Los niños no son un problema para los investigadores masculinos "durante el tiempo que estén en una proporción de orientación habitual en su división confidencial del trabajo" (Metz-Göckel/Selent/Schürmann 2010: 10), e innegablemente con más frecuencia que las mujeres a las que pueden volver. pantano. Por ejemplo, Zimmer, Krimmer y Stallmann (2007: 154) muestran que los docentes varones solo en casos individuales tienen la obligación principal en cuanto a la consideración de sus alumnos pre-jóvenes (2%) y solo una minoría en la tutoría externa (privada o pública). ofertas convertidas en ha (7%) En dos tercios convertirse el Niños
– "tradicional" – cuidado principalmente por la pareja. en el profesor Como era de esperar, la imagen era muy diferente. ellos también usaban 40% ofertas de atención privada o pública; casi una quinta parte cuidada sus hijos en su mayoría ellos mismos, y al menos otra quinta parte la responsabilidad del cuidado de los niños se compartió con el socio. Este último es un primer indicador de que los hombres con educación académica Cada vez se pide más a los trabajadores que cuiden de sus hijos o quieren ser tomados, de modo que ellos también tienen mayores dificultades (convertirse), la afirmación que lo abarca todo de la ciencia científica estandarizada masculina más Ser capaz de (o de desear).

1.3 *"Vidas Enlazadas" – Marco Analítico y preguntas del libro*

En resumen, estos desarrollos históricos y empíricos hecho de que cada décima pareja en Alemania es una pareja académica es - una tendencia que continúa con la educación superior de hombres y mujeres aumentará (cf. Blossfeld/Timm 2003; Skopek/Schulz/Blossfeld 2009). También se puede observar que en muchas de estas asociaciones las mujeres están empleados con más frecuencia y los arreglos de un solo trabajador están en declive, a pesar de ella también aún siempre no marginal son. Finalmente Es para Los contras afirman que, a pesar de las considerables inversiones en formación por parte de ambos socios , *pelcarreraarreglos* No son una cuestión de rutina.

En vista de estos hallazgos y desarrollos de la investigación, el centro La tesis central de este libro es que la infrarrepresentación de las mujeres en posiciones de liderazgo en la ciencia también se debe al hecho de que Mujeres camino a una cátedra en conexión con la carrera profesional de su pareja, es decir, como una *doble carrera* , debe tener éxito (ya que los hombres por un lado probablemente no renunciará a sus carreras y, por otro lado, a un papel el trueque y, por lo tanto, la discriminación contra los hombres no es deseable resultado en términos de igualdad). Consciente del hecho que la gran mayoría de mujeres y hombres en pareja comunidad, renunciando a una sociedad por una carrera, si esto en absoluto es beneficioso, no Meta deseada ser.

Sin embargo, las carreras duales están sujetas a desafíos específicos: por un lado la coordinación temporal-espacial de dos - en el ámbito científico eje principalmente a largo plazo mas inseguro – carreras y

por otro lado el pretensiones que deben cumplirse al mismo tiempo con respecto al socio y, en su caso, al padre eje. Estos desafíos recíprocos profesionales y privados pueden el oportunidades de desarrollo profesional socios sobre todo el Mujer
– limitarlos o prevenirlos por completo. De ahí las oportunidades de carrera.de (camaradería atado) Mujer en principalmente a la ciencia las posibilidades de realización Carreras duales ligadas.

A diferencia de otros estudios, que o bien sólo miran a profesionales desarrollo de las mujeres (con y sin hijos) en comparación con los hombres o el Mercado laboral- y Estructuras organizacionales más profesional carreras por lo tanto, incluimos sistemáticamente el *nivel de pareja* en nuestra con un. Para ello no basta con identificar las características individuales tiempos de los dos socios a tener en cuenta. Más bien, el entrelazamiento el desarrollo profesional de ambos socios y la división familiar del trabajo desarrollo a prestar especial atención a su dinámica (cf. Moen 2003). Estos arreglos entrelazados y de coordinación son el resultado y, al mismo tiempo, factores centrales que influyen en cómo las parejas lidian con los problemas sociales, marco cultural e institucional en su ejercicio profesional y manejar las decisiones familiares. Incluso si las condiciones externas son desventajosos para las mujeres, con o sin pareja, también lo son no son de ninguna manera deterministas. Para las mujeres en pareja esto significa que sus oportunidades de carrera están limitadas por arreglos internos de pareja y género atribuciones terrole en de ellos Efecto amplificado o ser reducido poder. ¿Qué arreglos dentro de la pareja hay en términos de entrelazamiento? dos carreras profesionales y sociedad con científicos en diferentes etapas de la carrera y qué influencia tienen a corto y largo plazo sobre las oportunidades profesionales de las mujeres en la ciencia es tema del libro.

"Vinculado Vidas" en Ciencias

Al examinar esta tesis o las condiciones para su realización de doble carrera de parejas con estudios académicos suponemos unamodelo de tres niveles, en el que los factores de carrera se basan en el individuo, nivel externo e interno de pareja, el desarrollo profesional posibilidades el ambos pareja influencia (ver. Rusconi/Solga 2008; 2010). Constelaciones de carrera y arreglos matrimoniales de parejas. son a través de este recíproco interacción el tres niveles sin embargo de ninguna manera estable (ver el Capítulo 2 de este libro). están sujetos a esas dinámicas. Estos son el resultado de cambios en los requisitos externos. (debido a cambios en el mercado laboral y en la organización de carreras dentro y fuera de la ciencia), a través de profesionales Transiciones de uno o ambos cónyuges, también por nacimiento de hijos en última instancia por el terminación y el nuevo comienzo de asociaciones.

En el *nivel individual* influencia procesos el profesional segregaciónlas oportunidades de carrera de mujeres y hombres - también completamente independiente de su participación en una asociación (cf. también Krimmer/Zimmer 2003). Como se describe brevemente en la Sección 1.1, los jóvenes ge mujeres y hombres en sus súbditos. Como suele ocurrir en la literatura. está ocupado, se combinan con esta segregación horizontal de la academia Oportunidades de carrera desiguales en el mercado laboral (procesos de segregación vertical) en términos de salario, patrones de carrera y oportunidades de ascenso(cf., por ejemplo, Allmendinger/Podsiadlowski 2001; Anger/Konegen-Grenier 2008; Inglaterra 2005). El acceso de las mujeres a puestos directivos se trata de también - independientemente del campo de estudio - a través de prácticas discriminatorias ken por los empleadores, por ejemplo B. por procesos de estadística

La discriminación, a través de la cual se generalizó en mujeres de baja se supone una mayor productividad (cf. England 2005; Konrad/Cannings 1997; Reskin/Padavic 1994). El Consecuencia son menor oportunidades para Mujer en reclutamiento para o promoción a posiciones de liderazgo.

Estos procesos de segregación horizontal y vertical son Se intensificaron otros dos procesos de segregación: informal y contractual. diferencias en el empleo de hombres y mujeres. mostrar como este Estudios de que las redes profesionales están segregadas por género y alto calificado Mujer menos en el "Alto relaciones de confianza profesional redes incluido son (ver. Todo reparador etc. Alabama. 1999; En el-sen/Oppen/Simon 1999; Winbauer 1999). Las mujeres no solo carecen de formaciones arriba el requisitos de la carrera y - criterios el principalmente comités de selección masculinos para llenar posiciones económicas; no solo tienen menos posibilidades de eso una "reputación" que los conoce en los procedimientos de contratación les da una percepción mungo de ellos Servicios y ganancias de reputación proporcionó. Ella tener al mismo tiempo menos oportunidad de generar confianza, que sin embargo uno básico Condición previa para cooperaciones o uno profesional (cargando) la promoción es. Además, las oportunidades de desarrollo profesional Las mujeres se ven afectadas por condiciones de trabajo contractuales a menudo más deficientes. Con mayor frecuencia hacen sus doctorados con becas; rara vez tienen un trabajo de tiempo completo le (incluso si lo desea); sus contratos de trabajo son más frecuentes y con plazos más cortos que los hombres (cf. Metz-Göckel/Selent/ Schuermann 2010; Zimmer/Krimmer/Stallmann 2007). También este restringe sus oportunidades de integración y desarrollo profesional (cf., por ejemplo, Gash/Mcginnity 2007; Webber/Williams 2008).

Estos procesos de segregación profesional conducen – inicialmente de forma independiente de si las mujeres viven en pareja o no - demasiado desigual Mercado laboral- y Oportunidades profesionales de Mujer y hombres. sin embargo necesitan para las relaciones internas de pareja y arreglos entrelazados de ninguna manera permanecer ajena a dos puestos de trabajo. porque estos diferentes perspectivas de carrera y posiciones en el mercado laboral diez para las relaciones de pareja (heterosexual) que las oportunidades de carrera en el La pareja está desigualmente distribuida y las decisiones en la pareja a favor o en contra de la afectar la carrera de uno u otro.

A *nivel de pareja externa,* las salidas profesionales de las mujeres y hombres influenciados por estar en pareja vivir, moverse en los mercados laborales como pareja (y posiblemente como padres). El Libertad de diseño y acción para hombres y mujeres en pareja asociaciones en las que ambos socios (quieren) seguir una carrera debido a los requisitos profesionales temporales y espaciales, a menudo contradictorios las luchas de los dos cónyuges, así como las necesidades familiares (cf. Informe/Informe 1969; sol 2005).

La movilidad espacial relacionada con el trabajo proporciona educación académica Las parejas representan un desafío central (cf. Hess/Rusconi/Solga 2011a; Soneto 2005). Los académicos se mudan con más frecuencia que el promedio y vida más a menudo en multilocal formas de vida (cada día y fin de semana arreglos para viajar al trabajo y vivir juntos) debido a la movilidad espacial un elemento esencial del desarrollo profesional de las personas con un título académico (cf. Becker et al. 2011; Büchel/Frick/Witte 2002; cortador et al. 2008). Resultado sí mismo requisitos de movilidad en- debido a dos carreras, estas a menudo están en conflicto con la estabilización necesidades de la familia. Entonces es sobre todo la mujer la que la mira. Carrera perdida, especialmente cuando hay niños (vea abajo). Y así muestra que las mujeres en pareja y especialmente especialmente en aquellos con niños que son menos móviles que las personas solteras o moverse con su pareja más a menudo (cf. Becker et al. 2011; Schneider et al. 2008).

Una estrategia utilizada por las parejas cuando se trata de la movilidad es, por tanto, ante todo buscar trabajo en regiones donde los dos socios tienen un buen mercado laboral ción promesa (ver. Costa/Kahn 2000; Moen/Wethington 1992). sobre eso

"Vinculado Vidas" en Ciencias

Además, los empleadores (educación superior le), como el trabajo compartido, la doble contratación o el apoyo con el búsqueda de trabajo fuera de el Universidad, fuera de este Suelo cada vez más importante

– especialmente en ubicaciones universitarias "aisladas". Incluso si un el empleo en el mismo lugar puede ser ventajoso para la pareja y la familia puede, esto no necesariamente tiene que ser el caso para las perspectivas de carrera de los dos socios sea el caso. Posiblemente las salidas profesionales cen uno o ambos socios mejor en otro lugar, por lo que el compromiso en un lugar a vida y a trabajar, a profesional restricciones para liderar uno o ambos socios y por lo tanto la realización de un largo plazo carrera dual puede poner en peligro (cf. Rusconi 2002).

Las ofertas de cuidado de niños también juegan un papel a nivel de pareja-externo Un rol importante. Depende mucho de si y en qué Alcance Parejas con hijos pueden externalizar requerimientos de cuidados (ver el nivel dentro de la pareja a continuación). En Alemania en particular, la lenguas para esto muy insuficiente, allá escuelas diurnas en el Escuela primaria todavía no son la norma, los jardines de infantes de todo el día (hasta las 5 p. m.) en muchos todavía representan una excepción a nivel local y para la expansión estatutaria de la oferta de guardería sólo un objetivo de aprox. 35% de los niños de uno a tres años está provisto. Por lo tanto, hay una falta de guarderías públicas. requerido en general (cf. Plantenga et al. 2008) y especialmente en chen que con horario de trabajo a tiempo completo y flexible de dos exigentes actividades profesionales compatible son. Además es aplicable normativo siempre aún el cuidado de niños como una responsabilidad de las madres, como el claro desequilibrio de los meses de socios previstos, que llamados padres meses, ya que se considera suficiente que el el segundo progenitor sólo disfruta de un permiso parental de dos meses (cf. Henninger/Wimbauer/Dombowski 2008 así como también Esping-Andersen 2009; morgan/zippel 2003).

Con estos condiciones generales convertirse el Parejas - sobre todo el Mujer – saltos de carrera o reducciones del tiempo de trabajo hacia compatibilidad de Profesión y Familia sugirió. A semejante Compatible-Sin embargo, el modelo de conocimiento contradice la lógica de la carrera en ciencias. sociedad y el sector privado que esperan biografías laborales continuas diez y frecuentemente también normas de edad para el secuencia de pasos de carrera así como el Acceso a posiciones incluir. [4] Pero el Elección entre Las pausas en la carrera o la reducción del tiempo de trabajo parecen ser una elección entre equivalente al cólera y la peste. Una ruptura de carrera fortalece, por ejemplo, B. la suposición de déficits de motivación y se fortalece cuando afecta a las mujeres, estereotipos de género; aumenta el riesgo de exclusión ses fuera de profesional redes o el reproche "obsoleto conocimiento"

---

4 a Parte hechos él sí mismo incluido alrededor por ley fijado normas, Cómo p.ej B. el limite de edad en el tenencia.

(ver arriba: nivel individual). Una reducción significativa del tiempo de trabajo. (por ejemplo, al 50%) podría no ser una buena alternativa por varias razones. visible el Oportunidades profesionales representar. Por un lado contradice tiempo parcial el ideal de tiempo completo de las carreras científicas y también se puede utilizar como se interpreta el déficit de motivación. Incluso los acuerdos contractuales que se encuentran a menudo chen puestos a tiempo parcial mientras el promoción acerca de solo el Pagar, pero no el tiempo de trabajo esperado. cátedras a tiempo parcial las razones familiares también son escasas. Tiempo parcial existente las cátedras se deben principalmente a trabajos (remunerados) a tiempo parcial diez, para que no se cuestione la "disposición a trabajar" de los propietarios se convierte en Para el otros se convierte tiempo parcial en el fase de calificación multado, entonces para el abono de los años según la regla de los doce años schen university es el tiempo de trabajo contractual (es decir, cuántas horas siendo trabajado) irrelevante. Al mismo tiempo, sin embargo, la disposición se convierte en la misma Logros de calificación en el mismo período, a pesar de que posiblemente sean diferentes Horas Laborales – esperado.

Establecer los factores influyentes del individuo y de la pareja a nivel externo las condiciones marco en las que mujeres y hombres en el mundo académico acoplar sus – comunes o individuales – familiares y profesionales Tomar decisiones. El llamado trato desigual de las mujeres y hombres en mercados laborales, el frecuentemente contradictorio temporal requerimientos espaciales de las carreras científicas así como la institucionalidad nell y organizativo Condiciones de Trabajar o. Cienciay la familia imponen restricciones al alcance de la creatividad pares, pero de ninguna manera significan necesariamente que los académicos las mujeres con educación mixta en estas parejas renuncian a sus carreras profesionales diez debe. Cómo el respectivamente existente libertad de diseño usado se convierte,

es decir, cómo las parejas lidian con estas demandas y conflictos también es dependiendo de los roles de género de los dos socios,

el interpretación respectiva de las condiciones externas por los dos socios así como la interdependencia y coordinación asociadas y practicadas arreglos de la pareja.

En este sentido, con el *nivel de pareja interna*, *también existen* las intraparejas Procesos de negociación y estrategias de coordinación relacionados con el trabajo – Carrera – Familia en La factura a lugar. En a ellos convertirse el en el ambos condiciones creadas en otros niveles y por lo tanto procesadas la potencia de esos factores para permitir o cargando o. prevención de carreras duales co-determinado. Fuera de el presente-el Investigación permiso sí mismo a este respecto esencialmente tres entrelazando desarrollo de carreras profesionales en sociedades que el interpretaciones pareja-internas y relaciones de poder de la carrera externa Las oportunidades reflejan: a) jerárquicas, b) individualistas y c) igualitarias Modos de entrelazamiento.

"Vinculado Vidas" en Ciencias

Con *interdependencias jerárquicas,* un socio se convierte, principalmente el hombre - atribuido el papel profesional principal, y el otro socio - principalmente la mujer – apoya su carrera al ser responsable de la Asuntos privados. Si ambos socios están empleados, hay una definición ción de una ocupación "líder" y "siguiente", el trabajo requisitos en términos de horas de trabajo y movilidad/estabilidad espacial Requisitos el principal Carrera subordinar convertirse en. El se llama, decisiones profesionales de las actividades profesionales subordinadas se toman hacia ángulo de visión el Carrera de otros socios así como de viviendo juntos en el mismo lugar (cf. por ejemplo, Becker/Moen 1999).

Con *formas individualistas de entrelazamiento,* ambos socios persiguen porque independientemente sus carreras profesionales. La asociación, es decir, la tiempo juntos y posiblemente viviendo en un solo lugar, aquí viene un papel secundario también. Las relaciones a larga distancia o de desplazamiento representan una posible aquí (aunque no necesariamente deseada) estrategia de coordinación hacia mira las oportunidades de carrera para ambos socios. Con el nacimiento de Los arreglos de coordinación individualistas no sólo aparecen vacilar a causa de esta distancia local. Par-externo como -interno vienen con la paternidad, las expectativas de rol específicas de género de vuelta a la Superficie. Corresponde entonces a los dos socios decidir si cumplen con las expectativas o si buscan cuidado de niños externo o compartido buscando oportunidades La investigación aquí muestra que el pensamiento temporal Las concesiones (principalmente por parte de las mujeres) en este caso son enormes y transmiten el riesgo de resultados negativos a largo plazo. viene de esta manera provocando una "renovación" de las prácticas habituales de atribución del trabajo de orientación también en el círculo de expertos, entonces, en ese punto, en el largo plazo se convierte en ejemplos progresivos de división intrafamiliar del trabajo entre trabajo y familia desaparecido

(cf. Demand/Ernst 2002; Schulz/Blossfeld 2006). Las mujeres que necesitan mantener un modelo individualista de dependencia posiblemente para los niños o retrasar el anhelo de tener hijos hasta que sus objetivos laborales satisfagan o no estén más en peligro, vean (favor de mencionar el segmento 1.2 y las secciones 3 y 4 de este libro A).

Obviamente, es más raro que los métodos individualistas de unión lo den independientemente de los planes de coordinación tardíos en las organizaciones. Teniendo en cuenta las circunstancias, albergan el peligro de que los dos cómplices de vivir respectivamente (en el sentimiento de escenario general compartido) hagan rebanadas y divisiones en la diferencia en cuanto a sus propias vocaciones (ver. Bathmann/Müller/Cornelissen 2011; Becker/Moen 1999; Behnke/Meuser 2005). Porque el prolongado reconocimiento de una comparabilidad de la vocación, la organización y la vida concebible como padre, por lo tanto, debe limitarse si es esencial. de las vocaciones de los dos cómplices son reconocidas o podrían agotarse probablemente para la familia en algún momento.

Preguntas y estructura del libro.

El interés por la educación superior y la política científica en carreras duales es aumentado significativamente, y se está haciendo mucho para lograrlo. Así lo había hecho Por ejemplo uno creciente número alemán universidades *carreras duales* Establecimiento *de oficinas (cf., por ejemplo,* Gramespacher/Funk/Rothhäusler 2010). Además, miente resultados de la investigación a parejas de doble carrera fuera de el numeroso estudios (también alemanes) que se han creado en los últimos diez años. Así, para uno u otro en este punto, quizás el Haga la pregunta: ¿Por qué este libro? ¿No lo sabemos ya todo? Lo simple La respuesta es: necesitamos este libro porque no sabemos todo ni por asomo. Existen numerosos vacíos en la investigación, que no cubriremos en este libro. puede cerrar Por lo tanto, nos centraremos en algunos, aunque muy (debe) limitar las preguntas abiertas. [5]

Se desconocen en vista de la relación de tensión mencionada anteriormente. ses de desafíos y diferentes factores que influyen en relación en científico carreras en Asociaciones (académicas) (a) el *Dinámica de los acuerdos de interdependencia* en materia de empleo (ingresos únicos vs. dobles) en científicos hombres y mujeres y (b) qué papel en ella cambia de carrera o el nacimiento de Los niños juegan. Las siguientes preguntas abiertas están conectadas con esto: ¿Son dobles? arreglos de ingresos más fáciles en fases anteriores de la biografía profesional lograr que en los posteriores, ya que por un lado los desafíos espacio-temporales requisitos en el Historia de Carreras ganar peso y por otro lado el familias-la fundación a menudo solo tiene lugar después del establecimiento profesional? Que tan importante ting es el patrón de entretejido de los dos socios antes de la primera Haber practicado cómo es el arreglo después del nacimiento del niño niño ¿aspecto? Y finalmente: Permiso sí mismo diferencias en entrelazando patrones de desarrollo y su dinámica entre los nacimientos más jóvenes y los más mayores añadas, y si es así, ¿conducen a una mayor igualdad entre masculino y femenino ¿científicos? Éste central preguntas El capítulo 2 de este libro está dedicado a esto.

Para la conexión entre el niño y la carrera, todo parece ser lo mismo. para ser dicho o investigado. Pero las siguientes siguen sin respuesta. Preguntas: ¿Qué influencia *tienen las estrategias de cuidado que se persiguen en la pareja?* soldado americano y experto *arreglos de cuidado para su Niños* en el conocimiento-carreras académicas de las mujeres? ¿Qué procesos de negociación entre el ambos socios poner el respectivamente experto patrones de cuidado en realidad perecer? Y son las oportunidades de carrera - como muchos suponen- realmente mejor si se pospone el nacimiento del primer hijo está, o están los arreglos internos de cuidado de la pareja más relacionados con (externo) servicios de atención a través de Tercero ¿crucial? Este

---

5   para más aspectos consulte Hess/Rusconi (2010); Hess/Rusconi/Solga (2011a, b).

"Vinculado Vidas" en la ciencia

Las preguntas se responden en el Capítulo 3. Se prestará especial atención por lo tanto, con una comparación, por un lado, de mujeres científicas con y sin hijos y por otro lado por madres con y sin carrera – la general Preguntar dado, en cual caso Niños no a uno

"rotura de carrera", sino a una continuación de la carrera científicare de mujeres (pueden) liderar.

En el Investigación se convierte además siempre aún de eso salió, eso las mujeres están menos orientadas a su carrera o su éxito profesional en ella ver que el trabajo y la familia se pueden reconciliar fácilmente. restos no solicitados pero por qué las mujeres pueden tener una *definición diferente de carrera y éxito* como hombres. ¿Qué papel juega el individuo y la pareja? Tramitación de las condiciones del marco externo (ver nivel individual y nivel externo coincidente arriba) para la dirección de la profesión de investigadores ¿no? Esta es la investigación central que los creadores buscan en la Parte 4. Al hacerlo, analizan cuáles fueron las direcciones históricas para las separaciones de investigadoras en el campo de la presión de la ciencia y la dirección de actividades familiares. ¿Qué perjuicios a la vocación de Damas en la ciencia esperan las damas y sus cómplices, y cómo abordaría organizar su carrera y su vida como equipo? Para abordar estas preguntas, esta sección solo destaca a las investigadoras efectivas, por ejemplo, las personas que, en el momento de la Intermedia tienen una vocación (ver Segmento 1.5), compararon las similitudes entre sí, pero también el cambio interno de la profesión "efectiva". direcciones a la luz de dos o tres grupos de estrellas y encuentros con calidad para tener la opción de mostrar condiciones de estructura exterior.

Finalmente, surge la pregunta: ¿Qué tan significativos son los ejemplos de asociación de etapas anteriores, que se manejan en la Sección 2, para la vocación posterior y las posibilidades de doble profesión de los trabajadores de la información? ¿El progreso de la ciencia realmente requiere una cuidadosa historia experta normal al estilo de las típicas memorias masculinas? ¿Se multarán las subfracciones en su mayor parte? ¿Convertirse en polivalencia o en planes de juego privados multilocales compensados? Abordando estas preguntas, la Parte 5 entra en La justificación del tema central: ¿Es la "masculinización" de la vida femenina? ¿Existe en la actualidad la calle principal para el progreso de las mujeres, o existe el pasado de la leyenda de la vocación (cf. Moen 2010; Moen /Roehling 2005) individual ¿Dos o tres técnicas que además ofrecen puertas abiertas para las vocaciones femeninas en el eje científico y las profesiones dobles en pareja abierta?

Responder a estas preguntas debería eventualmente contribuir además a determinar qué circunstancias útiles o "condiciones de logro" de las profesiones normales de la ciencia de las mujeres, y las vocaciones dobles relacionadas, son y en qué medida son factores que a menudo consideramos particularmente importantes. tal vez no son tan importantes.

1.4   Vidas Enlazadas por quien? - Base de datos de libro

El libro se basa en una base de datos única que consta de datos cuantitativos entrevistas cinco y cualitativas que se recogieron como parte del proyecto el. Por responder a nuestras preguntas de investigación y cerrar el vacíos de investigación mencionados anteriormente, es necesario, por un lado, tener científicos viviendo en un contexto de pareja, y por otro lado, para tener información sobre ambos socios, que el socios respectivamente ser dado convertirse en. Derecho información Para el Curso de vida de los socios antes de la sociedad, así como valoraciones subjetivas lenguas acerca de Division de trabajo o ambiciones profesionales poder no fuera de

ser dado "de tercera mano". Tal conjunto de datos existía previamente en el República Federal no.

Ahora hay una serie de estudios cualitativos sobre doble carreras de pieles o. hacia Entrelazamiento de carreras profesionales en sociedades (cf., por ejemplo, Behnke/Meuser 2005; Dettmer/Hoff 2005; Hirseland/Herma/ Schneider 2005; Winbauer 2010). Sin embargo, su significado es debido al número en su mayoría muy pequeño de casos y la naturaleza muy específica de cada caso muestras limitadas. Los datos representativos de la población existentes las sentencias tampoco son suficientes para examinar la doble carrera compañero. Aunque el microcenso ofrece un número muy elevado de casos (también en Aka-parejas demicas), él da sin embargo apenas información hacia identificación de *Carreras duales* o el lugar de trabajo de ambos socios. a través de su transversal diseño de corte, las constelaciones de adquisición en asociaciones también son solo como fenómeno puntual detectable. Proceso de negociación intrasociedad. los procesos y las situaciones de toma de decisiones no se pueden reconstruir. Para el Investigación de asociaciones académicas es el recuento de casos en el estudios longitudinales representativos existentes, es decir, en el ámbito socioeconómico Schen Panel (SOEP) del Instituto Alemán de Investigación Económica o en los Estudios del Curso de Vida Alemán del Instituto Max Planck para la Educación investigación, muy poca. Además, normalmente lo harían si el número de casos fuera mayor. no ayuda, porque, por ejemplo, B. Arreglos de vivienda de los dos socios en no se recopilan en relación con las dos biografías profesionales o convertirse. Sin embargo, este último en particular puede considerarse un componente central de la camaradería arreglos entrelazados no ignorado permitirse (ver el Capítulo 5 de este libro). Además, el promedio realización de entrevistas cualitativas independientes con científicos sus socios - vinculados a un mayor número de casos - no es posible estado.

"Vinculado Vidas" en la ciencia
diseño de muestra y contenido el cuantitativo encuesta

Pero recopilar sus propios datos es más fácil decirlo que hacerlo. Porque no existe un registro para los científicos -y ciertamente no no uno, en hacia el estado de sociedad registrado eran –, en cuyo En base a eso, habría sido posible un muestreo. En el proyecto por lo tanto, hemos elegido el siguiente camino: el instituto de encuestas Infas Bonn tiene en el semestre de verano 2008 uno investigación el directorios de empleados en los sitios web de 18 universidades seleccionadas (en las grandes ciudades y ciudades medianas con grandes universidades). para uno gran número de departamentos de ciencias sociales, técnicas y naturales (sin medicamentos) una lista de personas y (en la medida de lo posible) primero) clasificación según niveles de carrera. Sobre esta base seguido uno dibujo aleatorio dentro el después Género, Nivel de carrera, disciplina y regional contexto celdas definidas (ver tabla 1.1).

En el semestre de invierno 2008/09, un estandarizado teléfono Entrevista de curso de vida (CATI) de infa realizado en Bonn. Solo se interrogó a los empleados científicos. de universidades que han estado en una asociación permanente durante al menos dos años eje vivido y cuyo Socios (Para el hora de la entrevista) tambiéna tenía títulos universitarios.

En las entrevistas telefónicas, la información detallada sobre todos los estudiantes fue la educación y los títulos universitarios y para el período que comienza desde el título universitario principal recopilado hasta la hora de la reunión y mes a mes Datos exactos sobre los movimientos de todo tipo de la historia de vida del experto (incluidas interferencias por crianza de niños, desempleo u otros ejercicios diez) y todas las asociaciones y niños (recordando datos para el cuidado de niños hasta la 6ª edad). Lo que es más, para cada episodio, este experto cuenta el trascendente pago privado y rentable y obtiene información sobre el plan de juego de trabajo compartido de la pareja; Sutilezas adicionales condiciones del sistema focal y grupos selectos de estrellas.

Muchos de estos datos no pueden o no son sólidos (sin

procesos de "legitimación") revisión, es decir, en el conocer el pasado, planteado devenir. Por lo tanto, los investigadores fueron revisados en cuatro niveles profesionales, tan "cercanos" como sea posible a las circunstancias de elección separadas:

1. representantes no graduados (estudiantes de doctorado);

2. doctorado, cuyo avance más extremo tres años se demoró detrás

3. doctorado, cuyo avance más de tres Años se retrasó y Junior-docentes;

4. Profesores (C3/C4 y W2/W3).

Dado que los datos sobre la asociación no son y sobre el nivel de la profesión generalmente no están actualizados u obviamente en los sitios abiertos están, se convirtieron en un breve La detección inicial garantiza que el individuo cumple con las medidas de examen (representante lógico de estas universidades, por no menos de dos años en una organización con alguien que también es cómplice educado escolásticamente vivo y caracterizado en uno de los cuatro niveles de vocación). además, pudo dar un teléfono de contacto a su pareja teln (dado que la entrevista con la pareja también fue importante para el estudio, ver arriba). Si este fuera el caso, se realizó una entrevista (completa). Una vez finalizada la entrevista, el socio de la permanente entrevista de pareja estandarizada y las personas objetivo para una evaluación cualitativa tivos Entrevista seleccionada (ver más abajo).

Tabla 1.1: Entrevistas realizadas con científicos y sus Socios por nivel de carrera, género y disciplina (número absoluto)

METRO = Hombres, F = Mujer
Fuente: registro "Juntos Carrera hacer"; propio calculos

Para cada uno de los cuatro niveles de carrera eran para hombres y mujeres y los tres Grupos de disciplina cada 30 o para profesores 35 estándar ted entrevistas dirigido a (en total 750 entrevistas). Además debería Se realizan 500 entrevistas estandarizadas con sus parejas. comprendió convertirse por último 767 entrevistas con científicos y 552 con sus socios. Sin embargo, no todos los grupos pudieron se puede alcanzar el número objetivo de casos (ver Tabla 1.1). Esto se aplica en particular especialmente el grupo de mujeres profesoras de ciencias técnicas (en aquellos el universo ya extremo pequeño es) así como el grupo el

"Vinculado Vidas" en Ciencias

Científicos cuyo doctorado fue hace no más de tres años. último tere pudo en gran parte con entrevistas del doctorado, su doctorado más que hace tres años, para ser compensado.

El lugar de trabajo y el empleo o no empleo del Socios el cuestionado científicos tuve que no en el estar en la universidad o en la academia. Esto significa que muy diferente Se comparan las constelaciones: ambos socios en la ciencia. (parejas científicamente homogéneas); un socio dentro y otro fuera de la ciencia senschaft empleados (parejas heterogéneas ocupacionales); un socio en la ciencia sociedad y el otro compañero desempleado (parejas de un solo ingreso en el Ciencia). No se tienen en cuenta en nuestros análisis -

si sí mismo en el Obtener la hora de la entrevista – así que "solo" doble fuente de ingresos y parejas de un solo ingreso fuera de la academia, así como parejas en las que ambos pareja no empleado son. Todos este constelaciones poder sin embargo, para el período *anterior* a la entrevista también en el caso de la diez aparecen en parejas y con ella tenido en cuenta convertirse en.

Lo mismo se aplica al criterio de selección "Vivir en pareja". En el momento de la entrevista, los científicos que entrevistamos tenían una sociedad por al menos dos años. Sin embargo, eso no concluye fuera de, eso ella en el veces antes intermitentemente ninguno pareja tenía. En el Datos- Los únicos datos que no se incluyen son aquellos que en el momento de la entrevista ya sea temporalmente no ha tenido pareja o (hasta el momento de la entrevista) nunca ha vivido en pareja. Es difícil decir qué tan grande es esta proporción estimación, porque no existe una base de datos confiable para calcular este (véase más arriba). No obstante, dada la proliferación de alianzas También se puede suponer para los graduados universitarios que con esta referencia muestra a más sustancial Parte el en colegios laboral Conocimiento- estafador y el mayoría el allá hacer científicos grabado convertirse (ver apartado 1.2).

El estandarizado Entrevistas de curso de vida convertirse para el Capítulo de libro en más diverso Forma descriptivo y multivariante evaluado. Incluido permiso sí mismo dos importante estrategias de evaluación diferenciar:

(a) *histórico* evaluaciones Para el individual Historia de Carreras el científicos o sobre los arreglos entretejidos en la pareja (p. ej. realizado como gráficos de distribución del respectivo individuo o en parejas Estado de carrera durante un cierto período de tiempo y evaluaciones utilizando análisis de secuencia y regresión) y (b) evaluaciones *relacionadas con eventos* (por ejemplo, hasta un doctorado o uno de los próximos pasos de carrera en el Fase de postdoctorado – ver Sección 1.5 - también, cuando la introducción de jóvenes).

En las evaluaciones aclaratorias, en caso de que no sean peces explícitos del tema, se consideró mediante una ponderación comparativa que presentan diferentes números de casos para los tres grupos de disciplinas. Bezo generación z. B. en el ejemplo general se encuentran entre las damas de las materias lógicas de ciencias inherentes con 139 reuniones un mayor número de reuniones que de las sociologías (128) y ciencias especializadas (96) chern. Entre los hombres, hay una pequeña parte del león de sociologías schaftler (140) en contraste con los investigadores especializados y regulares (134 y 130). También existen contrastes comparables cuando se evalúan encuentros de vocaciones individuales o solo aquellos casos en los que los encuentros de los socios son accesibles. Dados los diferentes fundamentos de la profesión en estos tres conjuntos de temas (cf. Hess/Rusconi/Solga 2011a), un uso no ponderado de los datos en estudios claros conduciría a los Fundamentos de las disciplinas que se abordan con un mayor número de casos a través de los cuales impactaría y en este forma en que la generalización estaría restringida. En los interesantes exámenes, analice los casos singulares de los grupos de las tres disciplinas, por lo tanto, con un peso alternativo, lo que garantiza que ningún grupo tenga sobrepeso o que cada uno de los tres grupos contribuya de manera similar al resultado. En los exámenes multivariantes, se considera este número inconsistente de casos mediante la evaluación comparando los coeficientes propiamente dichos.

Diseño y contenido el cualitativo encuesta

La segunda parte del proyecto fue una encuesta cualitativa con un Selección realizada por científicos y sus socios. Contra- El estado de estas entrevistas cualitativas fueron el comportamiento subjetivo de planificación, las estrategias de acción del socio interno y las dimensiones de evaluación, los procesos de negociación en la pareja así como las anticipaciones, interpretaciones y Procesamiento de los factores ambientales institucionales de las carreras científicas entre sociedad y familia. Al final de la *norma* Por esta razón, todos los socios de la entrevista se convirtieron en *entrevistas de curso de vida distribuidas.* alrededor su aprobación a uno más encuesta preguntó. El otorgada El 96% de los científicos y el 97% de los par- muy alto. En última instancia, la voluntad real de participar en una entrevista cualitativa algo inferior. De los 47 conocimientos trabajadores podría 33 para a entrevista ganado convertirse en. sobre eso Además, como estaba previsto, se realizaron doce entrevistas a socios de esta ciencia. llevado a cabo.

Todos los científicos que estaban dispuestos a participar en el panel fueron introdujo procedimientos de muestreo en la selección para las entrevistas cualitativas incluido. Los grupos allí definidos contrastan con respecto a los teóricos Criterios retóricamente establecidos, con una variación de estas categorías máxima heterogeneidad de las combinaciones de características está representada en la muestra ("modelo de adrede muestreo de heterogeneidad" después campbell/cocinero 1979). Después hacia de Glaser/Strauss (1967) formulado principio de saturación

"Vinculado Vidas" en Ciencias

para cualitativo entrevistas satisfacer diez a doce centrado en el tema enterrar puntos de vista con expertos en el tema a explorar, así como Las vistas no proporcionan ninguna información adicional relevante para el tema. Este La construcción de grupos de comparación permite estudios de casos contrastantes posteriores. mismo ciertos subgrupos (cf. Kluge/Kelle 2001).

sede Criteria de selección eran el Constelación de carrera de pareja Para el Tiempo de entrevista y afiliación disciplinaria. en la pareja constelación de carrera (Para el hora de la entrevista el estandarizado casamiento ejercicio) hemos distinguido los siguientes grupos: (a) mujeres científicas, en aquellos ambos pareja uno Carrera tener (es decir parejas de doble carrera, n=15), (b) mujeres científicas, donde solo el hombre (n=9) o (c) solo la mujer tenía una carrera (n=9). De las 33 mujeres entrevistadas En eran once profesoras, 24 de las mujeres tenían hijos y nueve tenían (todavía) ninguno. Además, la constelación de sujeto y campo ocupacional ción de las parejas en el momento de la entrevista estandarizada. 14 mujeres con pareja científicamente homogénea y 19 Mujeres entrevistadas con una pareja profesionalmente homogénea. la mayoría del conocimiento en el momento de la entrevista estaban en el grupo de pro-promovido, cuyo doctorado fue hace más de tres años. más allá Los doctorados "frescos" (nivel de carrera 2) y las profesoras también se convirtieron en cuestionado

Los socios entrevistados de doce de estos científicos fueron seleccionados de acuerdo con los siguientes criterios: Edad entre 30 y 49 años (o nacidos entre 1960 y 1979), de doble carrera y carrera única tanto parejas como parejas con una típica e igualitaria división del trabajo en el hogar justo. Además, los tres grupos de disciplina y socios están involucrados. actividades profesionales dentro y fuera de Ciencia representan La encuesta de las entrevistas cualitativas siguió la estrategia creada en la técnica SFB 186 ckelten para entrevistas centradas en temas (cf. Witzel 2000). Sobre la base de un asistente con un inventario de puntos que garantiza que se atienden todos los temas interesantes y, si es necesario, se solicita un seguimiento, este tipo de entrevista permite enfocarse en ramas de conocimiento precaracterizadas y factores de impacto. Al conectar las indicaciones de la historia abierta con los arreglos de pruebas dialógicas, la conexión sobre las etapas específicas de la vocación y la organización ofrece a esta estructura de entrevista espacio suficiente para la autopromoción de los entrevistados. Sobre el trabajo de memoria y recreación de la genuina secuenciación de la profesión y la relación se va relajando en el encuentro se ha prescindido de la información del estudio cuantitativo de cada entrevistado esbozo de historia individual realizado. Las reuniones se concentraron en las agrupaciones allí registradas, el intrigado (institucional) aparente

"momentos definitorios" y otros "momentos definitorios" emocionalmente críticos. Este procedimiento de resumen basado en archivos permite una asociación generalmente excelente de información cuantitativa de la historia de vida y diseños subjetivos de importancia.

sede características el cuestionado científicos

En el momento de la entrevista, los científicos cuestionados estandarizados estaban punto alguna vez después Nivel de carrera (en el mediana) entre pobre 29 y 54 años viejo (Tabla 1.2). En el profesores dio él claro edad schiede: En promedio, las profesoras eran seis años más jóvenes que los profesores masculinos (esto indica una subrepresentación aún mayor de las mujeres en los primeros generaciones). En el primer grado universitario eran los hombres Científicos de todos los niveles profesionales con una edad promedio de 26 años, correr un año más joven. En la mediana, el científico estudiantes y profesores de treinta y tantos años, es decir, unos cinco años después (primer) título universitario, doctorado. Aquí, también, apenas había género. diferencias La situación es diferente con la habilitación. ella era de la Profesores - mediana - 14 años después de la graduación ben, por las profesoras después de 15,5 años.

.

El *mediana* da información acerca de edad, hasta además en 50% de muestras el respectivo

Se ha producido un "evento". A diferencia de la media aritmética (promedio) es la mediana no es propensa a casos extremos. Además, permite eventos que (todavía) no en todos personas de muestras sucedió tener (p.ej B. nacimiento de primero niño o habilitación), el completo muestra para el calculos a tener en cuenta.

METRO = Hombres, F = Mujer

Fuente: registro "Juntos Carrera hacer"; propio calculos

"Vinculado Vidas" en Ciencias

Como muestra la duración de las asociaciones en el momento de la entrevista, está actuando son relaciones de pareja a largo plazo. El apego a una pareja era ya generalizado al comienzo de la carrera profesional. Casi tres cuatro parte de todos los científicos ya estaban vivos cuando recibieron su primer título universitario en una sociedad; en las tres cuartas partes de ellos dura (duraba) hasta el inter- ver tiempo. Las mujeres científicas encuestadas vivían un poco más a menudo en una sociedad que sus contrapartes masculinas (78% vs. 71%) también un poco más a menudo con la misma pareja durante su - desde el primer Título universitario observado hasta el momento de la entrevista – profesional carrera (79% de mujeres vs. 74% de hombres). Esta alta proporción de (largo tiempo) asociaciones es parcialmente el muestra de construcción adeudado Personas que nunca han vivido en pareja o por más tiempo. Los tiempos sin pareja fueron, no hubo o estadísticamente menor Posibilidad de ser incluido como persona objetivo en la encuesta (ver arriba). Sin embargo, esto no es una falencia para los análisis, ya que es precisamente con el entretejiendo de biografías profesionales *en el camaradería* a déficit de investigación existe (ver Sección 1.3) y este el tema del libro es.

El científicos eran aproximadamente 23 Meses (mediana) más joven comosus socios, científicos, por el contrario, once meses mayores que sus socios- a. Con la mitad de los científicos, el socio todavía estaba estudiando cuando él ya habían completado sus estudios (vs. 31% de mujeres científicas, el a tiempo del título universitario de su pareja).

En cuanto a los niños, solo había claros entre los profesores. Diferencias: el 85% de los profesores eran padres (en promedio dos hijos) dern), pero "solo" el 61% de las profesoras tenían (en promedio) un hijo. Tres cuartas partes de los científicos con doctorado tenían (al menos) uno Niño; entre los estudiantes de doctorado, por otro lado, las tres cuartas partes no tenían (todavía) ninguna hijos (biológicos). Para el momento del nacimiento del primer hijo hay lo mismo para ti claro diferencias así como entre el como también dentro de etapas de la carrera: el 50% de las mujeres con doctorado tuvo su primer hijo siete años después de su primer título universitario y, por lo tanto, dos años antes que sus homólogos masculinos. Por el contrario, el pro- fessorinnen el nacimiento del primer hijo en promedio doce años después titulo academico y por lo tanto cuatro años después como en su colegas en su lugar.

Estas diferencias entre las etapas de la carrera son otra señala que las mujeres con hijos tienen más dificultades en la ciencia. La reducción de la proporción de niños, así como el aumento de la edad, cuando estos niños nacieron de las profesoras en comparación con los Los graduados son indicadores de que los posdoctorados son mujeres científicas tienen menos posibilidades de obtener una cátedra con niños (tempranos) hombres. Esta interpretación parece adecuada ya que la diferencia de edad difería solo entre las estudiantes de doctorado y las profesoras promedio diez Años asciende a (consulte Mesa 1.2). Con eso eran él muy pregunta lich, este diferencias como "Diferencias generacionales" a interpretar.Por lo tanto, los hallazgos para las profesoras (mayores) no solo están dirigidos a ellas restringir. Más bien, también se pueden usar para derivar un "Aus- rosa" de la ciencia de las mujeres con niños en el (más joven) pro- movido anticipar (ver también capítulo 3 en este Un libro).

significado los datos

El Datos, utilizado para los análisis en este libro no representa a todos los académicos de las universidades alemanas. Para decirlo positivamente, de pie los resultados por seguir Grupos de personas:

- Las personas con un título universitario que tienen al menos cierta Tiempo (al menos en el momento de la entrevista) en alguno de los 18 seleccionados universidades (en Grande y ciudades medianas) estabamos ocupados;
- Los científicos que han tenido una asociación de al menos dos años conuno también académico tenía socios educados;
- científicos fuera de disciplinas el Tecnología-, Naturaleza- y Ciencias Sociales (por razones de anonimato nos abstenemos de dado entrevistas cualitativas sobre el nombramiento de los seleccionados especializaciones en este tres grupos de disciplina).

Este grupo de estudio es el encargado de dar respuesta a las preguntas formuladas anteriormente Preguntas del libro sobre *carreras científicas en (heterosexual) asociaciones* muy adecuadas. [6] La consideración de las tres disciplinas. nen – tecnología (fuertemente dominada por hombres), natural (dominada por hombres) y Ciencias Sociales (mixto a dominado por hombres) – también protege contra acortamientos disciplinarios debido a diferentes lógicas de carrera o proporcional al género realidades

Algunos también van con esta construcción de la población de estudio. restricciones En primer lugar, nos enfrentamos a algo más positivo. elección de las personas con respecto a permanecer en la academia. Todo Las personas que, por la razón que sea, generalmente se oponen a la ciencia han decidido que no se incluyen en la muestra (aunque Se incluyen "retornados" que en ocasiones -antes del panorama- no estaban en la ciencia). Por lo tanto, la salida de la ciencia no se puede inspeccionar fácilmente, sino solo comparando las cualidades masculinas de las reuniones de estudiantes de doctorado, posdoctorados y maestros (consulte el modelo anterior para jóvenes). Cabe recordar que los investigadores que nunca (todavía) han tenido una asociación o cuyo socio no tiene un título universitario, no es esencial para la población (amablemente mencionar arriba). Además de tener en nuestro ejemplo

6 entrevistas con investigadores en las mismas dos o tres conexiones quedan a la luz del caso bajo incluir en los exámenes que este libro descartó.

"Vinculado Vidas" en Ciencias

más niños científicos que en otros estudios, ya que sólo tenemos esos que viven en pareja y, por lo tanto, tienen más probabilidades de También es probable que tenga hijos como solteros. Finalmente podemos tercero hacer ninguna declaración sobre las humanidades y los estudios culturales, así como sobre universidades pequeñas en las que no están representadas las tres disciplinas, y a pueblos más pequeños. No tener esto en cuenta es pragmático en términos de investigación. razones cal, es decir, la limitación de costes con respecto al número de casos, debe

1.5 Carrera Dual - ¿Qué es?

Tanto en los estudios más antiguos como en los más recientes, *las parejas de doble carrera* rara vez se hacen explícitas. y uniformemente definido y operacionalizado (cf. Hiller/Dyehouse 1987; Saraceno 2007). Con eso es el comparabilidad más diferente para Resultados de investigación sobre diferentes poblaciones de estudio y la Sólo es posible de forma limitada a lo largo del tiempo. Este hecho es sin embargo menos uno "Descuido" el investigadores adeudado bastante en gran medida el problema real de definir lo que realmente es es una carrera (cf. Moen 2003; 2010), y junto con eso también lo que uno carrera doble es. En este sentido, no nos convertiremos en uno universalmente válido. definición dar poder, sin embargo gustaría nosotros nuestro definición revelary justificar.

En primer lugar, echemos un vistazo a los déficits de las definiciones existentes o operacionalizaciones de carreras duales sensitivo. Primero convertirse (todavía) a menudo parejas de doble *carrera con* parejas de doble *ingreso* equiparado (cf. por ejemplo, Aldous 1982; Bernasco/De Graaf/Ultee 1998; Bloss- feld/Drobnič 2001). Esto significa que cualquier participación en un empleo remunerado (remunerado) – independientemente del nivel, nivel de carrera u otras características del actividad realizada – una "carrera".

En segundo lugar, incluso en los estudios que hacen tal distinción, hay no hay criterios uniformes para definir una *carrera* . Usado características estructurales muy diferentes de los empleados capacidad, como la posición profesional (cf., por ejemplo, Gross 1980; Lucchini/Sarace- no/Schizzerotto 2007), el nivel de educación requerido para ejercer un actividad (cf. ej. Rusconi/Solga 2007) o ejercer una profesión (cf., por ejemplo, Bryson/Bryson 1980; Dettmer/Hoff 2005;

Poloma/Pendelton/Gar- país 1981).

En tercer lugar, los indicadores subjetivos a menudo se convierten en indicadores reales. carrera derivada. Así es como algunos autores definen la carrera a partir de actitudes o ambiciones profesionales subjetivas, a menudo resumidas bajo hacia Expresión de "trabajo compromiso" (para uno crítica consulte Casa Hiller/Dye 1987; Levy/Bühlmann/Widmer 2007) - y establecer esto con la realidad equiparación de carreras.

En cuarto lugar, algunos autores señalan acertadamente que Las carreras no deben definirse estáticamente, sino dinámicamente como una desarrollo, que, sin embargo, ocurre muy raramente. Por lo tanto, la tarjeta debe definición de la consideración de la biografía general (anterior) y su Incluya la capacidad acumulativa y la dirección del desarrollo (cf. Bielby/Bielby 1984; Hiller y Dyehouse 1987; Levy/Bühlmann/Widmer 2007).

Esta variedad de criterios de definición y su operacionalización es también a la definición de carrera original de Rapoport y Rapoport (1969). Definir carreras duales en la primera publicación. ellos carreras (en contraste con el empleo) como "trabajos que son de alto mentira saliente personalmente, tener a de desarrollo secuencia otro requerir a alto grado de compromiso" (Rapoport/Rapoport 1969: 3). En el anterior Sin embargo, solo las dimensiones individuales se tienen en cuenta en el cálculo, y sólo en raras ocasiones se formula aquí la naturaleza multidimensional de las carreras. implementado.

Además, se discute si la carrera dual se aplica a *parejas* o relacionar *familias.* El título del primer estudio de Rapoport y Rapoport (1969) sobre las carreras duales no se refería a la pareja sino a "La Doble carrera *familias* ". Aquí examinado ella entonces parejas, en aquellos ambos pareja (matrimonial) uno Carrera *y* al menos a niño tenía. Uno más nuevo estudiar define a los niños como una *condición* de carreras duales - con la justificación ment que slo a travs de "los deberes asociados y la 'familia arbeit'" las carreras profesionales de ambos socios serían difíciles de realizar (Clement/clemente 2001: 255). Fuera de este perspectiva tener nosotros él por asi decirlo con uno doble carrera doble a hacer: el realización dos Las carreras profesionales y su vinculación con el nacimiento y crianza de los hijos. Este definición es sin embargo fuera de dos Encontró problemático. Primero se convierte con eso la relación y las tareas domésticas de las parejas sin hijos a priori como "una materia académica" devaluado; En segundo lugar se convierte en este Forma normativo colocar, eso Niños pertenecen a una relación de pareja (perfecta), porque las parejas sin hijos podría por definición No carrera doble tener. Él da entonces pero no Sólo numerosos estudios para diferentes países que muestran que la El nacimiento de los hijos, las posibilidades de la mujer de obtener un empleo remunerado y Carreras, y en consecuencia la probabilidad de carreras duales, reducida (cf., por ejemplo, Levy/Bühlmann/Widmer 2007; Levy/Ernst 2002; Luc- Chini/Saraceno/Schizzerotto 2007; Rusconi/Solga 2007; Schulz/Blossfeld 2006). Hay tanta evidencia de que la interdependencia de dos biografías profesionales *sin* hijos no es ni una cuestión de rutina ni sin complicaciones o. siempre exitoso es (ver. por ejemplo, B. Becker/Moen 1999; Bielby/Bielby 1992; Hertz 1986; Pequeño 1996; Rusconi/Solga 2007). a menudo con carreras relacionado requisitos en temporal y más espacial Allá-

"Vinculado Vidas" en Ciencias

La visibilidad no es solo un gran desafío para las parejas cuando son niños (consulte Secciones 1.2 y 1.3 y el más capítulo de este libro).

definición de carrera y doble carrera en este Un libro

dado este investigación y situación de discusión diferenciar nosotros en este Un libro explícito entre empleo y Carrera profesional. El desnudez Aunque el trabajo remunerado es un requisito necesario, no es suficiente característica para la existencia de una carrera. Para este submarino usar el divorcio utilizamos los siguientes criterios.

Como primero debe él sí mismo alrededor el ejercicio uno *educacionalmente adecuado* actividad, es decir, la actividad realizada debe coincidir con la adquirida previamente calificaciones del partido. En este sentido, no son los ingresos, sino la contenido de trabajo decisivo.

En segundo lugar es – Cómo ya de informe y informe (1969) ejecutado

– la perspectiva de *(más)* *desarrollo profesional* es importante. carreras en diferente profesiones, áreas de actividad y sectores economicos consecuencias eso es diferente lógicas y Requisitos acerca de patrones de carrera y culturas profesionales; Sin embargo, lo que todos tienen en común es que incluir oportunidades de ascenso. Esto también corresponde a la definición de carrera. ción del diccionario de una carrera profesional (rápida, exitosa), una promoción profesional y el francés subyacente Palabra "carrière" (pista de carreras, carrera) (cf. Drosdowski 1989). respectivamente En consecuencia, las carreras deben definirse *longitudinalmente para* Cambios ven y ascendentes en *la calificación* , *profesional para poder observar posición* y *ascenso social* . la existencia ser una carrera se basa, por lo tanto, en la realización profesional Desarrollo o perspectiva del mismo *según* la vida. o mejor definida por esta edad institucional (ver más abajo). Así sería, por ejemplo, B. un lugar en de la ciencia en la que se puede obtener el doctorado, cinco años después Terminación de estudios en línea con su carrera, pero no diez años después.

Niños así como "trabajo compromiso" y ambiciones profesionales convertirse como criterio de definición de a nosotros no tenido en cuenta. Ella poder seguramente representan importantes factores de influencia para la realización de carreras - lo que sin embargo, tendría que probarse empíricamente (Levy/Bühlmann/Widmer 2007: 264; véanse también los capítulos 3 y 4 de este libro); sin embargo, se definen a sí mismos no, si uno profesionalmente, en el Sentidos una carrera es exitoso O no.

Estas consideraciones dan como resultado la siguiente operacionalización del Concepto de carrera en este libro, que también se basa en los datos recopilados. Se podrían implementar entrevistas estandarizadas. ¿Son estos criterios? Si ambos socios cumplen los criterios, hay *carreras duales* en consecuencia. antes. La figura 1.2 muestra nuestros criterios clave para las carreras científicas según la ciencia hacia institucional edad y el Nivel de carrera.

Nota: T_0 define el tiempo de la primera conexión del estudio, T_6 significa "seis Años despues de graduarme" etc.

En cuanto a la *adquisición de títulos,* seis años después de la primer título universitario, el doctorado y 16 años después la habilitación ción están disponibles (ver la parte inferior de la Figura 1.2). Una cátedra junior se definió como adecuado hasta un máximo de 17 años después de la graduación ned. Si miras a los que (ya) han encontrado una cátedra han logrado (con el doctorado después de cinco años en promedio y el Habilitación después de doce años, ver Tabla 1.2), damos

con estos valores de umbral algo "más tiempo" en comparación con el la lógica de la carrera bajo presión (cf. también Zimmer/Krimmer/Stallmann 2007:103). (Aún) períodos de tiempo más largos para lograr esta carrera. pasos representan una "desviación de la norma prevaleciente" y probablemente también vaya con desventajas en términos de mayor profesionalismo Desarrollo o carrera.

Acerca de el *educacionalmente adecuado profesional posición* (superior Parte de la Figura 1.2) son trabajos altamente calificados o científicos todos los puestos de empleados con los salarios adecuados o asignaciones (al menos MURCIÉLAGO IIa, TVL o TVöD 13, A13 o C1) comobase el definición

tomado. Becas de doctorado convertirse hasta a lo sumo seis Años después hacia titulo academico y habilitación becas hasta diez Años después de eso como compatible con la carrera consideró. Diez Años

"Vinculado Vidas" en Ciencias

después del grado de erudito sería una buena idea para una cierta libertad o. se ha cumplido la obligación de ejecución. Por esta razón, la base "Los ejecutivos de empresas con alrededor de un trabajador (incluidos los trabajadores suplentes)". Por último, se otorga un período de corte de 18 años después de la graduación para mudarse a una residencia extremadamente duradera o un puesto de jefe o similar; es decir, cada una de las personas que todavía están en la ciencia desde ese momento en adelante, pero no en tal Posición, fueron delegadas "no vocación" en ese momento. En el presente, la información cambió a los maestros a los que se dirigió anteriormente algo antes: 15 años después de su título académico más memorable (medio)

-         en su residencia más memorable o puesto de jefe (ver, además, habitación/rojo sangre/

cuadra 2007: 103).

Asimismo, para ejercicios de suficiencia más allá de la Profesión de Ciencias se deben caracterizar las medidas o fechas por las cuales se debe caracterizar la obtención de funciones administrativas.

1.6 *Nuestro historial: obstáculos y realización condiciones de la doble carrera en asociaciones académicas*

En la sección 1.3 se formularon una serie de preguntas de investigación abiertas, que se responden en los capítulos siguientes. preocupación de nuestro contabilidad en este Trabajo es él, basado de importante recomendaciones fuera de este Los capítulos resumen la pregunta central del libro "¿Qué son Obstáculos y cuáles son las condiciones para la realización de la ciencia chen carreras de mujeres y las carreras dobles asociadas en ¿Asociaciones académicas?".
Nuestra tesis inicial fue que las carreras duales en socios académicos Las sociedades son arreglos frágiles que pueden ser modificados en cualquier momento por partes ajenas a la sociedad. y los factores internos (ver Sección 1.3) pueden ser cuestionados. Porque quién marca el "tono" en estas asociaciones -él, ella o ambos- o cuál es el ritmo de las trayectorias profesionales de los dos socios el resultado mutuo de las instituciones del mercado laboral o del sistema científico, cuyas interpretaciones y procesamiento en el asociación y las prácticas intra-asociación resultantes arreglos entrelazados. Estos últimos también representan los "sistemas interconectados" el genero biografías de estado el ambos pareja en Educación, mercado de trabajo y familia y así contribuir a una (re)producción o reducción el desigualdades en el Oportunidades profesionales de Mujer y hombres dentro y fuera de la sociedad. Sin embargo, ¿cómo estos sistemas compuestos fuera de, y cual Influencia tener ella en el realizaciónde carreras duales?
El capítulo 2 muestra que los arreglos *de doble ingreso* tanto en pro- mociones así como en la fase postdoctoral con un 55% y 58% respectivamente forma de tejido el de a nosotros examinado asociaciones

académicas son. Incluido consistir sorprendentes diferencias entre Mujer y hombres

– pero no entre las disciplinas, de modo que las diferentes compartir en el respectivo profesional Alrededores en eso no tiene influencia. Una *primera* diferencia es que ya en fase de doctorado Constelación de único asalariado, en la que sólo se emplea el hombre, con el los hombres significativamente más frecuentemente y en un grado considerable. encontrar es (35% vs. 13% entre las mujeres), mientras que las mujeres 66% en un viviendo en una constelación de doble fuente de ingresos. Esta diferencia es evidente en las parejas con y sin hijos por igual; por lo tanto, no se debe al empleo refracción de Mujer a través de Niños causado Eso este diferencias en las constelaciones laborales de la pareja de científicos los científicos son relativamente independientes de la presencia de niños Recuerde también que hay un alto grado de estabilidad en los modos de entretejido antes y después del nacimiento de niños allí.

En segundo lugar, las mujeres científicas viven mucho más frecuentemente con salarios dobles. nerarrangements que sus homólogos masculinos. es decir, científico las mujeres tienen que seguir sus objetivos de carrera profesional con mucha más frecuencia que los hombres coincidan con los requisitos laborales de sus socios. Un requisito previo importante La razón de esto es sin duda que usted y sus socios a largo plazo - en el doctorado ción y fase postdoctoral – a acuerdo de doble ingreso práctica. Este tener éxito uno relativo enorme Parte. Más como el medio el parejas, elen la fase de doctorado en un sistema de doble ingreso científicamente homogéneo acuerdo vivido condujo este lejos (57%), y además 13% convertirse Parejas ocupacionalmente heterogéneas con doble ingreso, en las que predomina el hombre dejó la ciencia después de completar su doctorado. Un patrón similar se presenta a las asociaciones de mujeres que están en la fase de doctorado heterogeneidad ocupacional acuerdo experto tener.

En tercer lugar, el único empleo remunerado del hombre si los niños son están tan extendidos entre los científicos en un 40% como arreglos de doble ingreso. Sin embargo, las mujeres científicas también viven en el nacimiento de hijos en su mayoría (más del 50%) en doble ingreso acuerdo. El significa que las carreras científicas de las mujeres deben en claramente más fuerte Dimensiones bajo el Condiciones, no el Apoyo "uno tácito trabajo de fondo" de socios a tener (ver. ArroyoGernsheim 1983) y al mismo tiempo los desafíos de dos empleos Se pueden realizar actividades de conciliación y cuidado de los niños. Hombres sin embargo comenzar no solo más a menudo como único asalariado su Carrera profesional, bastante

"Vinculado Vidas" en Ciencias

El 42% lo sigue siendo en la fase posterior al doctorado o más allá toda la carrera. Solo un tercio de ellos cambiaron a un doble. pelverinnerarrangement. Sin embargo, debe enfatizarse que los hombres, si porque vivir en sociedad con una mujer científica, incluso en en gran medida con los desafíos de lograr el doble ingreso nerarreglos, como los resultados sobre el científico mostrar canaletas

Sin embargo, si la proporción relativamente alta de parejas con doble ingreso, especialmente especialmente entre mujeres científicas, también para - para el científico ¿Carreras importantes de las mujeres – *carreras duales* ? Primero es Cabe señalar que a pesar de las importantes inversiones en carreras duales Los estudios y el doctorado, así como el doble empleo, no son automáticamente lugar. Los resultados del capítulo 5 muestran que doce años después de la Graduación solo 53% el científicos y 40% el Conocimiento- Schaftler tuvo una doble carrera como pareja. Sin embargo, mientras que el Sin embargo, la mayoría de los científicos (a saber, el 86 %) tienen una carrera fue capaz de lograr (aunque el 45% como el único en el par), podría sólo el 73% de las mujeres científicas (con un 20% como única carrera en Par). Este – en vista del alto nivel de educación y participación laboral de ambos Socio – pero alta proporción de carreras masculinas priorizadas en par (45% en las asociaciones de científicos y 23% en las científicos) era a comienzo el carrera profesional – es decir h en el primeroseis años después de graduarse de la universidad, mucho menos pronunciado. Aquí podría aún 55% el científico y 77% de ellos colegas mujeres realizar una carrera junto con sus socios, y en sólo a cada tercera pareja se le dio prioridad *a su carrera.* En total fracasó con el doble de mujeres científicas del sexto Un año después de graduarse de la universidad, la doble carrera en pareja en *su* Carrera en el Comparación a su macho Colegas.

Pero lo que caracteriza a las parejas que tienen una doble carrera y la necesaria carreras ágiles pero más difíciles para las mujeres pudieron competir con las parejas fracasadas? Con respecto a la participación laboral es fuera de el recomendaciones de Capítulo 5 Interesante, eso Mujeres científicas que han tenido un acuerdo de doble ingreso durante mucho tiempo logrado tener, *primero* No más alto Carrera profesional- y carrera doble oportunidad que las mujeres con interrupciones y que todavía *segundo* no el mismo Oportunidades profesionales Cómo su masculino compañeros tenían. Lo se convierte dos cosas claramente. carreras duales en asociaciones académicas de las mujeres no fracasan por tener hijos si la pareja y acuerdo de cuidado encontrar, eso su a reentrada asegura
si también (primero) con uno reducido Horas Laborales. Para el otros punto Sin embargo, estos hallazgos

también indican que las interdependencias dentro de la pareja preparativos externo Barreras profesionales para científicos sólo puede compensar parcialmente. Sin embargo, no son en modo alguno irrelevantes, porque para las asociaciones de los científicos muestra que el bajo mejores oportunidades de carrera para sus mujeres a través de una priorización tradicional su carrera a través de un acuerdo de un solo ingreso o de una sola carrera ment es causado- que los niños, sin embargo, para esta división tradicional del trabajo No papel desempeñado.

¿Los niños no tienen sentido para tu carrera? No son no. Sin embargo, los hallazgos anteriores dejan en claro que las mujeres en ciencia, por un lado, con menos frecuencia que sus homólogos masculinos, incluso sin hijos compañeros una carrera o junto con sus socios una doble carrera tiene éxito Por otro lado, está la cuestión de las interrupciones en la carrera y su La duración es clave. Con eso no vienen los niños per se, sino concede especial importancia a los respectivos *arreglos de cuidado, tales como* El capítulo 3 muestra. Una carrera podrían las mujeres con niños, especialmente entonces darse cuenta si ellos - en vista del uso muy generalizado de un tradicional nell Division de trabajo entre el ambos socios – ya en el primero Edad del niño Centros de atención externos en combinación con Utilice los servicios de soporte proporcionados por terceros privados. Tan temprano la externalización oportuna y flexible les permitió El principio, atados juntos con uno más grande flexibilidad acerca de el a diario Horario de trabajo, ya que no coincide con el horario de apertura de los centros de atención. estaban obligados, pero al mismo tiempo también a través del uso de las instalaciones de atención direcciones no abrumaron sus redes. Además, una par- trabajo continuado durante el permiso parental (breve) como condición para el éxito ción, lo que se traduce en una integración continua en las redes profesionales aligerado (consulte Sección 1.3). logrado este no, duración uno claramente mayor riesgo de una interrupción de la carrera o incluso la terminación.

– Esto deja sin respuesta la pregunta de por qué no todos los académicos las parejas siguieron este arreglo de cuidado.

¿Cuáles fueron los beneficiosos? ¿Condiciones para la realización de tal arreglo? para espectáculos Capítulo 3 primero, eso él no en *diferencias motivacionales* poner. Mujer con hijos tenían aún más probabilidades de tener una carrera *científica* que las mujeres sin hijos (77% vs. 63%). Sin embargo, se puede observar que el éxito pero las mujeres sin hijos para este objetivo más a menudo su deseo de tener hijos todavía no me había dado cuenta, pero tampoco quería prescindir de los niños en general diez. diferencias en el orientaciones profesionales el Mujer eran con eso no desde el deseo de tener hijos bastante antes todo – Cómo Capítulo 4 espectáculos – a través desus experiencias con el marco externo más científicamente carreras y la situación profesional en la pareja. hay primero aguantar eso el profesional situación el masculino pareja en elregla era más segura que la de las mujeres (para una explicación ver la explicación mentos del apartado 1.3, nivel individual). En el contexto de este mismo Experiencia *en el Par* así como de ellos respectivo propio Experiencias con

"Vinculado Vidas" en Ciencias

Las científicas también tienen contratos de duración determinada o desempleo por un lado, el ethos profesional masculino de la ciencia (ver apartado 1.2) internalizado y por otro lado medir sólo sobre la base de estas experiencias - y no en cuanto género: el problema de la conciliación del trabajo y la familia una mayor prioridad que sus maridos y colegas masculinos.

exitoso científicos desarrollar incluido muy diferente orientaciones profesionales que les ayuden a lidiar con esta compatibilidad problema: Algunos de ellos abandonan la persecución individual ing las metas de carrera de ambos socios sobre la familia otra parte, por otro lado, tienen una orientación familiar igual bien. Para estos últimos, la "vocación a la ciencia" va más allá del contenido, no avance, y permanecer en la academia depende de la oportunidades mas flexible las condiciones de trabajo dependiente hecho. El Carrera profesional- Sin embargo, el éxito de estos científicos depende de la asociación asertivo, porque necesita el apoyo del hombre a través de una desde el punto de vista profesional, una relación de pareja igualitaria y segura ocupación o un buen ingreso del hombre.

Central a la que se practicó arreglo de cuidados en la pareja de, no eran situaciones motivacionales, sino las *estrategias de apoyo del Las parejas y sus ideas de género subyacentes* con respecto a lich maternidad y paternidad de los dos Pareja. La figura 1.3 muestra esto los tres patrones principales observados en los análisis del Capítulo 3 podría convertirse. Llama la atención que, en primer lugar, las ideas tradicionales de igualdad mentos en las parejas con mayor externalización del cuidado de los hijos y no -como muchos habrían esperado- ir de la mano con uno inferior poder. En segundo lugar debe igualitario nociones de igualdad el Mujer, si ella no en lo mismo para ti igualitario imaginaciones en su socios encuentro, no conduzcan a una exteriorización tan grande. Este Sin embargo, las mujeres corren el riesgo de asumir el trabajo principal en contra de su voluntad. asumir la responsabilidad y la carga principal de cuidar a los niños, sin ayuda y experimentar restricciones de carrera como resultado.

Este no es el lugar para detallar estos tres patrones, o para para explicar cómo surgieron (ver el Capítulo 3 de este libro). Es importante en este punto, con respecto al equilibrio de la realización condiciones de carreras científicas para mujeres y doble enfatizar que las nociones tradicionales de división del trabajo en el cuidado de niños *no* coincide con las aspiraciones profesionales tradicionales las mujeres deben ir; sin embargo, es importante que las mujeres se ciñan a adherirse a percibir a ambos miembros de la pareja como *iguales en el trabajo* , por lo que esta mujer luego buscan apoyo externo y continúan sus carreras (ver Grupo 1 en Figura 1.3).

* Mención de los grupos de disciplina en los

que este patrón fue más común Fuente: Compilacion de

recomendaciones fuera de Capítulo 3 en este Un libro

Por el contrario, el derecho de la mujer a la igualdad en el cuidado de los hijos ung, que se encuentra con un modelo a seguir tradicional del hombre, a un participación posterior de "terceros". La reivindicación de la igualdad El socio se mantiene durante (demasiado) tiempo. estrategia de legitimidad- gias desarrolladas por parte de estas mujeres para explicar por qué su pareja ya no *puede* hacer (por ejemplo, género tradicional suposiciones de rol por parte del empleador para la pareja masculina anti- cipado); pero incluso estos y las disputas conflictivas sobre la falta de participación del compañero en la pareja (en la que también se la actitud del compañero se hace visible, ya que a pesar de este explícito th procesos de negociación en la pareja no involucrada) no conducen a que este Mujer temprano después externo Apoyo o. descargar buscar.

Sobre la continuidad profesional tras el nacimiento de los hijos así como el éxito del apoyo externo en su atención demuestra Kap- tel 3 que podrían manejarse mejor con "solo" un hijo. Las madres con éxito profesional tenían más probabilidades de tener un solo hijo (48 % frente a 74 % de madres sin carrera). Más allá del acuerdo de cuidado, pero definitivamente también como un factor favorable para el uso de los externos servicios de apoyo – es también el *momento del nacimiento del niño* significativo. Mujeres científicas que crían a sus hijos después de su doctorado recibido y/o de una carrera exitosa entonces es más probable que continúen sus carreras que las mujeres que comienzan a una edad bastante temprana momento en su carrera científica han tenido a sus hijos o en un momento en que no tuvieron éxito en sus carreras. básico Che factores para este Ventajas de más tarde tiempos son diferencias en el financiero recursos para (flexible) externo Cuidado, en la carrera

"Vinculado Vidas" en Ciencias

recursos *de ambos* socios, en los supuestos de motivación por parte de los donantes y colegas, así como en las posibilidades de continuación o reconexión en ya establecido profesional redes Para Hombres formar una familia (hasta ahora) no ha tenido impacto en la carrera oportunidades - ni siquiera si son con un científico (con una carrera) viviendo juntos.

Estas conclusiones no deben entenderse en modo alguno como un alegato a favor de esta que las mujeres jóvenes y sus parejas planificar estratégicamente y reubicarse en la parte de atrás y que primando así necesariamente las exigencias del ámbito profesional pendiente. Sin embargo, dejan claro que las opciones de atención externa diez y las estrategias de cuidado interno de la pareja son de particular importancia al realizar una carrera con un niño, y por lo tanto puede también ser visto como una indicación de los cambios que serían necesarios sobre la relación entre las oportunidades de carrera para las mujeres y la familia establecimiento y su calendario (ver más abajo). esto seria tambien por lo tanto, vale la pena porque la cuestión del momento adecuado, que muchos de los entrevistado parejas académicas en el hizo lugar – para muchos de a ellos emocionalanal es muy angustiante.

¿Qué importancia tienen *la movilidad espacial y los arreglos de vivienda* en asociaciones académicas? El capítulo 5 muestra que sólo el 60% de los académicamente homogéneo y 66% del campo ocupacional heterogéneo doble parejas vivía en el mismo lugar. Pero también con científicos socios desempleados era sólo el 70%. residencial multilocal arreglos son por lo tanto (al menos temporalmente) para muchos científicos estudiantes a la vida familiar cotidiana. Pero no son un factor de éxito para uno per se. carrera doble. Por ejemplo, los análisis en el Capítulo 5 mostraron que que en parejas científicamente homogéneas mujeres científicas con multilo- Los arreglos de vivienda de Kalen no tenían una doble oportunidad de carrera más alta que la de ellos. Colegas que vivían con su pareja en un mismo lugar. Más importante que eso arreglo de vida era mucho más el Preguntar, si el empleador en el curso de la biografía profesional se cambió, porque dados los patrones de carrera en la ciencia implica estabilidad espacial con una reducción significativa la oportunidad de realizar carreras individuales y, por lo tanto, duales en científicos a lo largo de. El se llama, el Residir en separado lugares, el no a través de El cambio de empleador es causado no contribuye a la carrera en. Por el contrario, el enfoque estratégico para el empleador y por lo tanto aumenta cambios de trabajo relacionados con la carrera que ambos socios pueden tener que mudarse a un lugar puede llevar a la probabilidad de que la pareja reciba una tarjeta doble re tener éxito. Aquí espectáculos sí mismo Sucesivamente: Ambos – externo condiciones de carrera en el local mercados laborales atados juntos con par interno estrategias de carrera

– lleva contribuir a una mayor probabilidad de carreras duales darse cuenta.

La sinopsis de estos hallazgos muestra que incluso con estudios académicos asociaciones garantizan la igualdad profesional de hombres y mujeres en forma de carreras duales no es de ninguna manera la regla y, además, *ninguna* suficiente Condición para uno igualdad el géneros en el división del trabajo dentro de la familia. Por el contrario, una relación igualitaria arreglo con respecto al trabajo y la familia en la sociedad no es suficiente condición necesaria para la igualdad de género en el lugar de trabajo mercado.

Las carreras duales son promovidas por relaciones de pareja igualitarias o individualistas sorteos – con aquellos uno también rápido tradicional priorización el carrera masculina a través de condiciones externas estandarizadas masculinas profesional carreras impedido convertirse poder – eso es bastante posible, pero no necesariamente exigible. Los responsables de esto son instituciones roles de género y cardenal profesional "individualista" patrones recíprocos que se entrecruzan "conflictivamente" en la sociedad. El ver-trenza de cursos de vida a carreras duales es con eso más como solo una cuestión de logística o de coordinación intra-asociada de reivindicaciones institucionales.

sin embargo debería el intra-sociedad perspectiva no bajo-ser apreciado - y no por las parejas tampoco. Un importante requisito previo para la realización de carreras duales es el reflejo corredor con patrones de carrera y cuidado de niños así como con el deconstrucción de ideas de roles de género fuera y dentro de la asociación pareja- y, por lo tanto, una evaluación adecuada de la situación respectiva. Esto es importante, por un lado, para evitar desigualdades de oportunidades profesionales en la pareja. a reconocer y por otro lado en Requisito posibilidades el eliminación para explorar.

Sin embargo, la Figura 1.4 muestra una gran discrepancia a este respecto: Ambos científicos claramente sobrestiman la realización de una doble carrera en su asociación. Subjetivo es el la gran mayoría de ellos creen que tienen un doble Carrera dirige; real son él pero en todos etapas de la carrera claramente menos. Como resultado, la presión del problema no se reconoce en muchas de estas asociaciones. y las barreras a las carreras de las mujeres (porque, como se explicó anteriormente, tern el - objetivo - carreras duales principalmente en sus carreras) no encontrado activamente. Continuar así, sin embargo, conduce a una solidificación de la es igual en el Par.

Particularmente perceptible es la discrepancia en la ciencia trabajadores (con uno Diferencia de 41 puntos de porcentaje), en aquellos queda pendiente el último paso de carrera hacia la cátedra, lo que en vista de la en su mayoría desaparecidos carrera objetivamente lograda con este falso la percepción probablemente no será más fácil o más probable. Además, liche, eso científico en todos etapas de la carrera más a menudo uno distorsionado

"Vinculado Vidas" en Ciencias

Percepción de la realización de una carrera dual en su sociedad tienen que sus colegas femeninas - y también justificado por ten(er) necesidad de actuación en relación con las oportunidades de carrera profesional de sus ver mujeres. Tanto hombres como mujeres muestran que *los ingresos dobles* arreglos *internos* también frecuentemente ya con *carreras duales* equiparado be – una ecuación que, sin embargo, al igual que los análisis en este libro mostrar con contribuir al hecho de que las mujeres tienen menos carreras en la ciencia puede hacer).

Contrastes entre la presencia objetiva de las Dobles

profesiones y la valoración abstracta

Fuente: registro "Juntos Profesión hacen"; estimaciones propias

Entonces, en el caso de que finalmente nos preguntemos qué debería ser posible, nuestro propio programa Descubrimientos que desarrollan aún más la vocación abre las puertas para las mujeres en la ciencia y las dobles profesiones relacionadas, tanto condiciones razonables de estructura externa en el mundo científico como una reflexión ampliada, Intercambio y las administraciones de coordinación esperadas en la organización son. Una profesión experta para los dos cómplices - con concurrentes Por lo tanto, es importante potenciar el mantenimiento de la organización y, si es fundamental, la vida como padres asociaciones de trabajo más adaptables, con las que también se pueden acomodar las necesidades de la familia; requiere una mayor adaptabilidad y con el escenario de funcionamiento afinado fuera de las guarderías (en todo caso supeditado a los bolsillos de las parejas) así como modelos modificados en Conexión sobre Orientación y Vocación en la Organización así como también en la propia asociación. mentes además, ¿Cómo podría esta mirada, haberse formado en un panfleto de actividad autónomo (cf. Hess/Rus-coni/Solga 2011b).

2.   arreglos entrelazados en el historial de parejas

2.1 El entrecruzamiento de trayectorias profesionales en parejasentre condiciones estructurales yestrategias adaptativas

Objeto este capítulo es el estudio de los patrones de interdependencia de historiales de empleo en pares, es decir, la combinación de acciones (empleo) viabilidades de los dos socios, y la cuestión de si ciertos profesionales y familiares Los sucesos falsos conducen a cambios en la interconexión. El término El patrón de entrelazado pretende dejar claro que la combinación no es de forma selectiva -es decir, sólo en un único momento (por ejemplo, mes o año)-, pero tuvo lugar en fases a largo plazo de la vida o las caracterizó. [1] Como se discutió en el capítulo anterior, un requisito esencial para carreras duales, eso ambos pareja uno ocupación buscar. Entonces especialmente con estas llamadas parejas de doble ingreso, sobre- hacer la pregunta en qué medida ambos socios fueron capaces de alcanzar una posición profesional adecuada a su respectiva formación y a su era la edad institucional.

Los patrones entrelazados en pares son el resultado de la interacción de género específico procesos en diferente niveles (para unoDiscusión ver Rusconi/Solga 2008; Rusconi/Solga 2010). en lo social los marcos sociales, culturales e institucionales influyen condiciones - tales como B. procesos de segregación específicos de género en educación y en el mercado laboral o cultura laboral específica del trabajo y lógicas de carrera, sino también las expectativas sociales de ellos Organización del cuidado de familiares (especialmente niños) – que posibilidades de integración de Mujer y hombres en asociaciones.Como se ilustra en el término " *estrategia adaptativa familiar* ", la familia en y sus miembros, sin embargo, no se limitan a seguir pasivamente las directrices institucionales y condiciones marco. Más bien, las parejas trabajan y procesan estas especificaciones ben y poder adaptado estrategias desarrollar, con aquellos ella intentar,

---

1   soy siguiente se convierte alternativamente también el Expresión acuerdo la usó profesional y privado Objetivos a alcanzar (ver. Moen/Wethington 1992).

"El concepto de estrategia exige el papel activo (en lugar del pasivo) de la familia unidad y subraya la naturaleza dinámica de la vida familiar; las familias movilizan y modifican sus plan otro comportamiento como su circunstancias cambiar." (Moen/Wethington) 1992: 246)

Encuentre dichos procesos en el nivel extra e intra-sociedad no en una yuxtaposición, sino en una relación recíproca conexión entre sí (cf. Geissler/Oechsle 2001; Moen/Wethington 1992). Los cambios en las condiciones marco pueden dar lugar a ajustes en el entrelazamiento, y los cambios en la estrategia pueden a su vez cambiar la posición (relativa) uno o ambos socios en el mercado laboral y por lo tanto la oportunidad estructuras de entidad para particular arreglos entrelazados posponer. Además, las estrategias pueden evolucionar a lo largo de la asociación. cambios en el Tareas, prioridades y Requisitos, pero también en los objetivos de uno o ambos socios en las diversas etapas de relaciones y carreras individuales (cf. Levy/Ernst 2002; lunes 2003; Noc 1998).

, los patrones de interdependencia encontrados empíricamente *no son ni* estrategias de asociación *ni* como la suma de las decisiones de los comprender a los miembros individuales de la familia. En primer lugar, porque ellos resultado de la interacción de decisiones dentro de la asociación: incluyendo compromisos y acuerdos (explícitos o tácitos) entre los socios - con el marco de no asociación representar cosas. Esto significa que los patrones entrelazados también pueden ser el resultado deseado de las estrategias de asociación, si, por ejemplo, B. después de un como temporal limitado concebido interrupción de la carrera el reentrada fracasado en el trabajo. Y en segundo lugar, porque las relaciones de poder entre miembros de la familia (ver. Sangre/Lobo 1960), a menudo estratificado a través de Viejo y género (ver Saraceno 1989), los procesos de toma de decisiones. influir significativamente, para que las estrategias familiares o de pareja no (debe) corresponder a los deseos e intereses de ambos socios (cf. el capítulo 3 y 5 en este Un libro).

Las preguntas de investigación de este capítulo son qué patrones entrelazados del Las trayectorias laborales son científicos en ejercicio y a qué dinámicas están sujetos a través de determinadas relaciones profesionales y familiares ¿Eventos? ¿Hasta qué punto y con quién es sólo temporal? cambios o para "cambios" a largo plazo?

Arreglos de enredo en el curso de la pareja.

2.2 *patrón de entrelazado y "Ejercicio Puntos"*

Este capítulo adoptará una perspectiva de curso de vida que permitirá posible, tanto en aspectos estructurales como individuales e intra-asociados. Factores en un contexto temporal (histórico, pero también biográfico) hombres a traer (ver. Kohli 1985). También se ha tenido en cuenta semejante uno perspectiva también el Preguntar después hacia Influencia más temprano eventos de la vida,

-condiciones y decisiones para el más curso de vida (ver. Mayer 1991). El enfoque de este capítulo está en la dinámica de la patrones de las trayectorias laborales de los científicos y sus socios ner arriba el ciclo de carrera Por un lado y arriba el ciclo familiar por otro lado. Porque los cambios en ambas esferas pueden presentar a las parejas nuevas plantean retos, pero también les abren nuevas opciones, que nuevo patrones entrelazados liderar (ver. Levy/Ernst 2002; momento 2003; Noc 1998). La distinción entre las esferas profesional y familiar es debe entenderse sólo como una separación analítica, porque en realidad Hombres y Mujer contemporáneo en específico profesional y fases familiares,

ej. B. en la fase de doctorado y al mismo tiempo madre o padre de un niño de.

En el *ámbito profesional* , el empleo en la ciencia gestiona las fases de cualificación de forma centralizada. Para una carrera en lo alto escuela o institución de investigación no universitaria, el doctorado es pocas excepciones esenciales. La adquisición del doctorado también marca el paso central en el desarrollo profesional de la gestión fuerzas en la administración pública, la política y el sector privado y proporciona con eso también aquí a importante factor en el trepar el escala de la carrera (cf. Enders/Bornmann 2001; Hartmann 2002). La posibilidad Asumir tareas (de gestión) responsables a menudo va de la mano mano con la adquisición del doctorado. Además, forma de empleo y ámbito de trabajo para Actividades, el uno promoción asumir por ejemplo en la ciencia: aparte de algunos disciplinas y diferencias de género convertirse después el promoción Las becas son menos comunes y los contratos de trabajo a tiempo completo son más comunes (cf. Hess/Rusconi/ Solga 2011a; Zimmer/Krimmer/Stallmann 2007). En cuanto a lo financiero protección y oportunidades laborales y profesionales hace que un profesional El movimiento tiene un efecto positivo en muchas áreas profesionales. El asociado que mayores recursos financieros permiten a las parejas por un lado modelos más bien individualistas de la interdependencia de sus trayectorias laborales práctica (cf. Bathmann/Müller/Cornelißen 2011; Dettmer/Hoff 2005), porque esto significa, por ejemplo, residencias separadas, desplazamientos, pero también externos Las soluciones de cuidado infantil son más asequibles, lo que significa que ambas partes capaces de llevar a cabo su trabajo remunerado de forma relativamente independiente unos de otros. por otro lado abierto ella parejas también el Posibilidad, en uno (segundo) Abstenerse de un empleo remunerado, especialmente si además de la financiera recursos el profesional Requisitos después el promoción también han aumentado y parejas antes Problemas de (in)compatibilidad ser preguntado.

Con el tomar el control de deberes gerenciales es el tarea a menudo no más

"solo" el Escribir el propio trabajo de calificación y posiblemente. el cooperación en un proyecto, sino también la adquisición e implementación de un proyecto proyecto y la orientación de los empleados. Es por tanto una cuestión de regalos, el con más grande espacio temporal requisitos de disponibilidad puede ir de la mano. Además, los requisitos suelen aumentar espacial móvil para ser avanzar en su propia carrera.

Uno Investigación Doctor científicos y ingeniería correr dentro y fuera de el Ciencia podría espectáculo, eso después el doctorado, los primeros cuatro años de establecimiento profesional son los más móviles Fase representan y que una relación positiva entre movimientos y éxito profesional (Becker et al. 2011: 42f.). especialmente las mujeres con puestos directivos (desde mandos intermedios) a menudo eran móviles hombres que sus colegas mujeres en posiciones profesionales más bajas (Becker et al. 2011: 42). Un estudio sobre enfermedades relacionadas con el trabajo llegó a conclusiones similares movilidad de académico y no académico educado personas en Alemania: Móvil son antes todo personas con posición de liderazgo en el gerencia intermedia. Por otra parte, la deslocalización laboral y movilidad de desplazamiento en el más alto etapas de la carrera lejos (Cortador et al. 2008: 134). Por lo tanto, estas formas de movilidad son para ascender en la carrera. necesario. Sin embargo, una vez que se ha alcanzado una posición superior, el dispositivo móvil requerimientos de calidad más bajo o el posibilidades mayor que, sí mismo este Requisitos a oponerse a (cf. Schneider et al. 2008). más allá la movilidad de reubicación está por encima del promedio para las personas que son temporales están ocupados; es decir, la inseguridad laboral también aumenta la necesidad movilidad espacial de las cosas (Schneider et al. 2008: 135).

Debido a las largas fases de cualificación en empleos típicamente temporales las relaciones laborales son precisamente trayectorias profesionales en ciencias en comparación con otros campos profesionales debido a una fase más larga de inseguridad seguridad marcado. Primero el vocación en toda la vida (Cátedra) en una fase relativamente tardía de la vida representa un seguro (ilimitado) empleo (cf.

Zimmer/Krimmer/Stallmann 2007). trayectorias profesionales en el Ciencia son no solo relativamente largo, bastante también muy arriesgado, entonces uno cátedra obtenido alto estimados de jasón, Schomburg y Teichler (2006: 70, 72) solo cada décimo doctorado y cada tercer "candidato serio". En consecuencia, las carreras universitarias también como particularmente "precarias carreras" (cf. Enders 2003).

Tareas profesionales y requisitos, pero también tiempo y dinero Las posibilidades sociales difieren antes y después del doctorado. De por lo tanto pone sí mismo el Preguntar, en qué manera este ambos fases de la carrera con

Arreglos entrelazados en el curso de la pareja.

diferente patrones entrelazados el historias de empleo el Conocimiento- empleados y sus socios. ¿Se incrementará espacio temporal requisitos de trabajo en el fase postdoctoral con uno aumentar de sociedades de un solo ingreso ¿acompañado? Consistir dado el más alto incertidumbre científico carreras científicamente Por un lado, es más probable que las sociedades estén formadas por parejas con doble ingreso, pero por otro lado particularmente "inestable" patrón de entrelazado representar, allá en En estas parejas, ambos integrantes trabajan en el "arriesgado" campo profesional de la ciencia ¿son?

De un gran número de estudios se sabe que en el *ámbito privado* el nacimiento del primer hijo conduce a ajustes en los patrones de interdependencia de empleo puede dar lugar a asociaciones (cf., por ejemplo, Becker/Moen 1999; Pequeño 1996; Schulz/Blossfeld 2006). Derecho el social Expectativas de disponibilidad y responsabilidad espacio-temporal de la madre por su(s) hijo(s) a menudo está en desacuerdo con la requisitos de Chen (Hardill/van Loon 2007: 169) y a menudo conduce a Interrupciones del empleo y pausas en la carrera (salida) (cf. Capítulo 3 de este Un libro; Genen 1993; Vogel/Hinz 2003). Los padres, por el contrario,con el objetivo de asegurar la familia y, por lo tanto, la promoción profesional, Pero no (todavía) su disponibilidad espacial y temporal para la familia (cf. Hardill/Van Loon 2007). El entrelazamiento de la vida y el trabajo correr en asociaciones entonces gana en Complejidad, si de parejas convertirse en familias (cf. Hess/Rusconi/Solga 2011a), especialmente desde el demandas espaciales en la esfera profesional y privada completamente diferente lógicas resultados, mientras que tal vez ni siquiera son inversas. Es notable que las mujeres estén casi seguras que los hombres después de la introducción de su primera de entrometerse en su trabajo lucrativo, pero ¿qué trabajo hace el diseño entrelazado antes del nacimiento? ¿En qué parejas hay cambios momentáneos y en cuáles son cambios a largo plazo? pulmones - y por qué?

Estas investigaciones se abordan a continuación a lo largo de la división lógica entre trabajo y etapa familiar que se inspeccionó. Mientras que en el Área 2.3 se muestran las técnicas y definiciones, el Segmento 2.4 es el Dedicado al examen de los diseños de confianza cuando los exámenes de doctorado y el Segmento 2.5 los diseños de unión la introducción del primer niño.

2.3 *métodos y definiciones*

Los datos con los científicos sirven como base para este capítulo. realizó entrevistas estandarizadas sobre el curso de la vida (consulte el Capítulo 1 de este semen Un libro). Como primero fase de carrera se convierte el fase de doctorado examinado.

Esta fase se denomina los tres años para científicos con doctorado. definido antes de obtener un doctorado, mientras que los científicos el en el momento de entrevistas aún no tenía un doctorado el tres años antes de la entrevista fueron considerados. [2] Para la fase posterior al ascenso ción, todos los científicos con un doctorado (incl. profesores con doctorado) incluidos en el análisis y sus patrones de interdependencia hasta examinado hasta seis años después de la adquisición de esta calificación. Para el Comparación de los patrones de interdependencia en el transcurso de la familia, todos los conocimientos involucrado con al menos un niño biológico en el análisis genes observados al menos dos años antes del nacimiento del primer hijo convertirse. Como "más intenso" fase familiar convertirse los patrones entrelazados hasta seis años después del nacimiento del primer hijo considerado.

Sobre la cuestión de la interdependencia dinámica de las historias laborales a seguir en sociedad, era para cada mes de la respectiva carrera o fase familiar, ya sea que los científicos estaban involucrados en una sociedad en absoluto. [3] poner una sociedad antes, cada mes se compaginaba la actividad de los dos socios considerado y entre la presencia o ausencia de distinguir entre dos trabajos. [4] Si solo tienes un trabajo en Se formaron dos categorías: [5]

- ganador: Solo el socio/el pareja fue uno ocupación después.
- único asalariado: Solo el científico era empleado.

En el caso de interdependencias con dos puestos de trabajo, la combinación naciones de los campos profesionales de las actividades de los dos socios tres categorías ciertamente:

– ciencia homogénea doble fuente de ingresos: Ambos pareja eran en el cienciasistema de ciencia empleado.

---

2 Los científicos con un período de observación más corto fueron excluidos del análisis. excluidos, que afectó al 16% de los científicos (principalmente en el momento de entrevistas estudiantes no doctores).

3 Para ambos profesional y fases familiares convertirse científicos fuera de el análisis excluidos los que estaban con más de una pareja. esto vino raramente encontrado en nuestra muestra: solo el 6% de los científicos tenían más de una parte- nership en los tres años anteriores al doctorado y 6% durante los seis años posteriores al doctorado Promoción. Sólo cuatro hombres y dos mujeres científicos vivían en más de una Sociedad en los dos años anteriores al nacimiento de su primer hijo. toda la ciencia estudiantes permaneció en el mismo camaradería en el seis años después de eso.

4 subsidios con uno financiero Soporte financiero convertirse como empleo remunerado consideró.

5 En rigor, ambas categorías son parejas de un solo ingreso, ya que un solo miembro está empleado. La distinción conceptual entre las categorías de individual y asalariado sólo sirve para distinguir quién estaba empleado en la sociedad: parte- ner o Científico.

Arreglos de enredo en el curso del par

– Campo ocupacional heterogéneo de doble ingreso: Los científicos fueron dentro, los socios fuera de la ciencia ocupado.

– doble fuente de ingresos fuera de el Ciencia: Ambos pareja fue Él-actividades comerciales fuera de la ciencia después.

Finalmente, todas aquellas parejas en las que ambos

socios no estaban empleados.

Dado que este capítulo trata de la interdependencia en determinados ámbitos profesional y familiar fases de gravamen y no solo en un solo punto en el tiempo (por ejemplo, mes o año), el exploratorio método innovador de "coincidencia óptima" para el análisis de secuencias (cf. Brzinsky-Fay/Kohler/Luniak 2006). Para el respectivo profesional o familiar fases de gravamen estaban combinando las actividades de los dos socios para determinado cada mes (ver arriba) y en su orden cronológico secuencia a secuencias compuesto. Este secuencias convertirse entonces en comparación con crear una matriz de distancia, [6] que la constituyó el punto de partida para el análisis de conglomerados. Con ella entonces grupos de Secuencias: es decir, investigadores con secuencias similares de trenza – identificado. [7] La homogeneidad dentro de los conglomerados y la La heterogeneidad entre los conglomerados permitió clasificar el contenido de la característica de interconexión (existente) de estas fases patrón.

A lo largo de la separación analítica entre la fase profesional y familiar la siguiente sección primero examina descriptivamente qué patrón de trenza el científicos antes y después el promoción practicado y la dinámica de este durante las dos fases profesionales sujeto. Luego, utilizando análisis multivariados, la influencia Características ocupacionales estructurales, de origen y de pareja para determinadas relaciones. se examinan los patrones de entretejido y la importancia del entretejido anterior Rangos explorados más adelante. A tal efecto, en el apartado 2.4.3 hipótesis bien formulado. Con la misma estructura, en el apartado 2.5 el patrón de trenza después del nacimiento del primer niño examinado.

---

6 Como es habitual en la investigación, se han tenido en cuenta los costes por sustituciones a 2, el costo indel (inserción y eliminación) establecido a 1 (cf. Brzinsky-Fay/Kohler/luniak 2006).

7 Aquí se utilizó el método Ward (método jerárquico). Allí, sin embargo Las pruebas estadísticas convencionales no son aplicables con datos de secuencia, el final número de conglomerados debido a las diferencias en el contenido, así como un número suficiente de casos, es correcto (Brzinsky-Fay 2007: 413).

2.4   Arreglos de interdependencia en el curso del trabajo

2.4.1 Patrón el entretejiendo

El análisis de la interdependencia de las trayectorias profesionales de los científicos. y sus parejas en los tres años anteriores al doctorado hace seis Patrón (Figura 2.1).

Figura 2.1: Patrón entrelazado de historias laborales antes del doctoradoel Científicos [*]
dv = doble fuente de ingresos
Todo científicos el Al menos tres observado años antes de la graduación convertirse. En el caso de los estudiantes no doctores, es el período de tres años antes Entrevista.
Fuente: registro "Juntos Carrera hacer"; propio calculos
El más común acuerdo eran campo ocupacional heterogéneo doble fuente de ingresos (31%, patrón #2), [8] es decir, parejas en las que los científicos tenían empleo en el campo científico mientras que los socios uno empleo en uno otros campo profesional perseguido. El segundo

---

[8] cuantitativo descripciones convertirse acerca de de género, el Nivel de carrera y Las disciplinas se ponderan de modo que, según lo dispuesto en el plan de muestreo (cf. Capítulo 1 en este Un libro) – siempre a mismo Comparte representar son.

Arreglos entrelazados en el curso de la pareja

más común grupos eran Para el a arreglos de un solo trabajador, entonces Parejas donde solo el científico busca trabajo go (24%, patrón no. 4), y por otro lado científicamente homogéneo doble asalariados (23%, patrón #1), es decir, parejas en las que ambos están en el Ciencia empleado eran. También porque nuestro muestreo era solo una minoría de científicos en fase de doctorado predominantemente soltero (11%, muestra #6). [9] También fueron muy raros arreglos en los que solo el socio busca empleo (7%, patrón #5), así como arreglos de doble ingreso fuera del Académico, es decir, parejas en las que ninguno de los dos está en la universidad. o. en el campo científico (3%, muestra No. 3).

El distribución este seis patrón de entrelazado difiere sí mismo claramente entre géneros y etapas profesionales. [10] Ya en el fase de doctorado, hubo tres diferencias principales entre el conocimiento aprender y científicos. *Primero* : El tres doble fuente de ingresos los arreglos juntos eran el entretejido más común de ambos sexos ter Sin embargo, eran más comunes entre las mujeres científicas que entre las suyas. Colegas (66% vs. 50%, Figura 2.2). Alrededor de un tercio de los hombres Antes de su doctorado, el científico era el único sostén económico en el socio comunidad, mientras que solo una minoría de mujeres lo hizo (35% vs. 13%). *En segundo lugar* da él a claro Diferencia de género en el Difusión de colaboraciones científicamente homogéneas. A casi la una tercio de mujeres científicas, pero menos de una quinta parte de ellas colegas masculinos, ambos socios estaban activos en la ciencia (29% vs. 17%). *En tercer lugar* , más del doble de mujeres científicas practicaron como los científicos, el acuerdo de ingreso único (10 % frente a 3,5 %). Significar- Sin embargo, las diferencias fueron evidentes en la difusión de heterogéneos a asociaciones así como desde el patrón único y de doble fuente de ingresos arreglos afuera de Ciencia.

9 Debido al muestreo aleatorio, ninguno de los datos al momento de la entrevista pertenecía a este patrón estudiantes no doctores (ver el Capítulo 1 de este libro). Este grupo incluía el 23% de los en el momento de la entrevista postdocs hombres y mujeres y el 13% de los profesores hermanas y 15% de profesoras mujeres.

10 También existen diferencias entre disciplinas, que no se mencionan descriptivamente por razones de espacio. se tratará con más detalle. Solo debe señalarse brevemente aquí que a los hombres les gusta Las asociaciones homogéneas eran más comunes entre las mujeres en las ciencias naturales que en las otras disciplinas (cf. Hess/Rusconi/Solga 2011a). Casi el 40% de las ciencias naturales mujeres y al menos una quinta parte de sus colegas especialistas formaban parte de una investigación pareja de científicos. Sin embargo, para las mujeres de otras disciplinas, este arreglo tampoco es una excepción: 27% de técnicas y 22% de ciencias sociales Pertenecía al grupo académicamente homogéneo. En las ciencias técnicas y sociales. científicos eran él 15% o. 16,5%.

Fuente: registro "Juntos Carrera hacer"; propio cálculos; ponderado Declaraciones

En resumen, queda claro que más mujeres científicas que senschaftler se enfrentó al desafío incluso antes del doctorado son, dos empleo remunerado en el común disposición de Profesión y familia a tener en cuenta. Además, esta interdependencia tiene lugar en Las mujeres lo sostuvieron mucho más a menudo que sus contrapartes masculinas en el mismo Campo ocupacional (es decir, en la ciencia). Por un "conocimiento compartido" y "comprensión mutua" de las reglas, requisitos y Las posibilidades de dar forma a la profesión común pueden tal apoyo al desarrollo profesional de ambas partes ner (cf. Hess/Rusconi/Solga 2011a). Ya que en lo académico En las sociedades, sin embargo, ambos socios son comparativamente riesgosos. y seguir una carrera incierta, tal partido también puede traer estrés adicional y riesgo de falla. Con Estas "ventajas y desventajas" son científicas más a menudo que estafador confrontado

La comparación de los patrones de interdependencia entre científicos, que se encontraban en diferentes etapas de su carrera en el momento de la entrevista encontrado, sin embargo, deja en claro que esto también se aplica a los científicos varones Asociaciones de doble ingreso en el fase de doctorado cada vez más el Regla convertirse en. Entonces registro el tres arreglos de doble ingreso a- juntos a claro Aumento del 37% entre los profesores de hoy 50% para postdoctorados e incluso 68% para aquellos que (todavía) no se han graduado. En el A cambio, había "solo" casi un tercio de los estudiantes no doctores varones y los posdoctorados son los únicos sostén de la sociedad, mientras que esto está en casi la mitad de los profesores estaban en lo correcto (46%). Además, resulta que en particular científicamente homogéneo asociaciones como patrón de entrelazado en significado

Arreglos entrelazados en el curso de la pareja.

ganar. Casi un tercio de los hombres graduados sin doctorado, pero solo un poco menos de una quinta parte de los posdoctorados masculinos y el 6% de los profesores ren en la fase de doctorado uno sociedad académicamente homogénea. [11]

Debido a este marcado aumento en los patrones de

ingresos duales en común y el patrón científicamente homogéneo en particular jóvenes científicos masculinos y femeninos en asociaciones similares. ¿Se han enfrentado siempre las mujeres científicas al desafío ted para combinar dos trayectorias profesionales incluso antes del doctorado tejido, es este uno Tarea, el hoy en día también cada vez más en los suyos masculino colegas (cf. Capítulo 1 en este Un libro).

2.4.2 *dinámica el patrón de entrelazado*

El entrelazamiento de las formas de vocación en las asociaciones se debe a los cambios representados. Desde un punto de vista, si bien prevalece en todos los ejemplos, como se muestra en la Figura 2.1, obviamente una combinación de los ejercicios de los dos, el cómplice, pero también hay investigadores en cada ejemplo, que a veces practican una combinación alternativa de sus ejercicios expertos adornados. Por otra parte, los diseños de relaciones también cambian la dirección de una profesión. El entrelazamiento de las cuentas del trabajo para la hora de encuentros de investigadores y docentes graduados para el Periodo hasta seis años después del doctorado muestra las dos semejanzas y además contrastes contrastados con los cursos de acción previos al doctorado (Figura 2.3). Después del doctorado hubo cinco reuniones, cada una con una dispersión un tanto diferente para combinar diseños durante el avance. 12 Además, hay una reunión adicional, la combinación directa de varias combinaciones de los ejercicios de los dos sorteos de los cómplices es (diseño n.° 6). 13

11 En cuanto a la difusión de la enseñanza académicamente homogénea y única En términos de ganancias, solo hay diferencias menores de no más de 5 puntos porcentuales. Ambos Mujeres científicas es la mayor diferencia entre los niveles de carrera en el Difusión de arreglos heterogéneos del campo ocupacional: Su proporción cae del 39% entre los no recibieron sus doctorados en un 23% entre las profesoras de hoy. Esta diferencia es principalmente debido a la mayor proporción de profesoras que gles eran.

12 Como antes del doctorado, aproximadamente la mitad de los científicos realizan una formación profesional rogen (31%, patrón n.º 2) o sociedad de doble ingreso académicamente homogénea (21%, patrón #1). Trabajadores solteros (12%, Patrón #4) y arreglos de doble ingreso fuera de la academia (5%, patrón #3). También hay un único grupo significativamente menos frecuente tras el doctorado (4%, patrón #5). Después del doctorado, sin embargo, no existe un acuerdo claro de ingreso único. de uno no empleo del Científico.

Uno más subdivisión este patrón trae dos más grupos a aparecer (no ilustrado). Por un lado, una combinación de doble salario heterogéneo de campo ocupacional llamar y arreglos de un solo trabajador, en aquellos el pareja no empleado era. dv = doble fuente de ingresos

* graduado científicos (incluido profesores)

Fuente: registro "Juntos Carrera hacer"; propio calculos

Un examen de la participación en la reunión cuando el doctorado muestra tanto planes de juego duraderos como cambios. A partir de la información y los investigadores que tenían un campo de experiencia antes de su doctorado, la organización heterogénea escuchó algo menos como la parte de los hombres y algo más como la parte de las mujeres también en los siguientes seis años esta reunión en (47% versus 54%). Sin embargo, existen contrastes más claros entre las personas que cambiaron el diseño de la malla después de graduarse. Mientras que el 17% de los académicos que tenían un compañero experto heterogéneo antes de hacer su doctorado eran el único proveedor después de terminar su doctorado, hubo un cambio en ninguno de los investigadores. Solo en muy raras ocasiones se vio como un experto

---

Por otro lado, una combinación de doble asalariado

ocupacionalmente heterogéneo y acuerdo arreglos de servicios donde el científico no estaba empleado. La primera La combinación es más común entre científicos hombres que mujeres (17.5% contra 10%), mientras el Opuesto en el segundo combinación el caso es (6% contra 18%). Dado que estos grupos tienen muchos casos censurados (es decir, la entrevista se realizó antes de las seis años después del doctorado) se discute en las siguientes explicaciones y análisis este grupos no cerca recibió.

Arreglos de enredo en el curso de la pareja

cambio de campo – en el Sentidos uno Grabación de actividades en el Ciencia

– de parejas (menos del 4% tanto de hombres como de mujeres). [14] Uno similar altura estabilidad el patrón de entrelazado era en Ciencia-encontrar estudiantes que, antes de completar su doctorado, trabajaron en comunidades: el 52% de los hombres y el 57% de las mujeres lo hicieron en el siguiente seis años. En este grupo dio él sin embargo también edad mal tipo cambiar el Patrón de entrelazado: Después el promoción convertirse 17% el Científico, pero solo uno científico Para el único asalariado. Otro 13% de las mujeres, pero solo el 3% de los hombres cambian al arreglo heterogéneo de doble asalariado de campo ocupacional, es decir, sus socios ner no eran más en sistema de ciencia empleado. [15]

Entonces, los científicos no solo lideraban a medias incluso antes de obtener su doctorado. tan a menudo una asociación científicamente homogénea como sus colegas, pero Otros también permanecieron algo menos frecuentes con este arreglo Curso. mismo es aplicable para campo ocupacional heterogéneo Asociaciones: Menos Los científicos como científicos vivían permanentemente en tal lugar. Acuerdo. La estabilidad, por otro lado, es evidente para los hombres científicos. en el patrón de un solo asalariado: 42% de ellos permanecieron después del patrón movimiento con este arreglo (frente al 14% de los científicos), y solo un tercio de los científicos cambiaron a uno de los tres duales nerpatrón Para las mujeres de este grupo, en cambio, fue del 29% sus socios, que anteriormente no tenían un empleo remunerado, toman un trabajo en la ciencia y para otro 14% los socios se encontraron fuera de la ciencia eje empleado.

En comparación con la fase de doctorado, la fase de postdoctorado se compone de para resumir que la proliferación de sociedades de doble ingreso aumentó ligeramente (del 55% al 58% de los doctores y profesores sors). Por un lado, este desarrollo fue causado por el hecho de que La mayoría de los científicos que completaron su doctorado en el grupo único pertenecía después el promoción Parte uno pareja de doble ingreso convertirse (52% de los científicos y 65% de los científicos de este grupo). Por otro lado, un tercio de los hombres científicos que trabajaron antes fuera el único perceptor del doctorado, a uno de los tres perceptores dobles grupos Este "tarde" Grabación uno empleo en la parte el pareja también se asocia con la característica diferencia de edad en las parejas debe: Debido a que las parejas femeninas suelen ser más jóvenes que el científicoler (consulte el Capítulo 1 de este libro) para que puedan usarse en una fecha posterior su Estudios graduarse y conseguir un trabajo para registrar.

---

14 Alrededor del 30% de los científicos del grupo previamente heterogéneo cambiaron a el grupo mixto. Es cierto que tal cambio fue más común entre las mujeres que entre los hombres. encontrar, el Diferencia de género es sin embargo con solo 5 puntos de porcentaje muy Pequeña cantidad.

15 Alrededor de otra quinta parte de los científicos de la anteriormente científicamente homogénea grupo cambió hacia mezclado Grupo. Aquí existe No Diferencia de género.

Sin embargo, los hombres científicos fueron y seguirán siendo no sólo tener arreglos de doble ingreso que sus colegas mujeres; también fui a ellos un cambio en el patrón de entretejido con mucha más frecuencia con un interrupción de las actividades profesionales de sus socios. si el conocimiento las mujeres científicas, por otro lado, dejaron un patrón de doble fuente de ingresos, luego antes todo porque uno cambiar en el campo de actividad de socios (antes todo en asociaciones científicamente homogéneas). Eso significa en todos los profesionales sen, el empleo remunerado de las mujeres científicas tiene lugar predominantemente en contexto de una sociedad de doble ingreso. Sin embargo, estas parejas deberían, desde una perspectiva, tener el potencial para una doble vocación (véanse las Secciones 1 y 5 de este libro); por otra parte, se enfrentan a las dificultades adicionales que enfrentan los gen, las dos posiciones para la preparación y el diseño conjuntos de la dirección del Llamado y la Familia. Que la Adaptación de estas dificultades es una empresa problemática a la que las organizaciones cómplices a menudo con una renuncia (impermanente) del trabajo productivo de los cómplices en respuesta se vuelve, muestran los Resultados para el diseño entrelazado del Investigador masculino.

2.4.3 *Entre aproximación y perseverar difería*

En el anterior acabados convertirse diferencias en el entrelazando patrones de ción el científicos y científico claramente. En el A continuación se examinan las razones por las que cierto enredo se practicó el arreglo y si la diferencia de género a través de un efecto específico de género de las mismas características y/o algo así los llamados efectos de composición (es decir, una composición de grupo diferente configuración con respecto a ciertos características) explicar puede dejar

Por un lado, *las características de la estructura ocupacional se utilizan como factores explicativos.* tenido en cuenta: la disciplina de primer grado académico y la cohorte de graduados. Especialmente desde principios de la década de 1990, la tasa de participación de mujeres con educación académica ha aumentado considerablemente (cf. Anger/Konegen-Gre- ner 2008). Esto debería reducir la probabilidad de pareja con doble fuente de ingresos ciencias, tanto entre los hombres científicos como en la ciencia vástago - favor. En consecuencia, las diferencias de género deben Científicos que han obtenido su primer título académico desde 1990 adquirida puede ser menor que en la cohorte de graduados mayores. Sin embargo debe tenido en cuenta convertirse en, eso Mujer en típico masculino disciplinas estaban y seguirán estando en desventaja en sus oportunidades de empleo (cf. Solga/ Pfahl 2009), que es un mayor riesgo de interrupciones profesionales (involuntarias) y, en consecuencia, edad Podrían resultar arreglos de un solo ingreso.

Además, se tienen en cuenta *las características de origen : el lugar de nacimiento* en Oeste- o Alemania del Este y el empleo el Madre mientras

Arreglos entrelazados en el curso de la pareja.

tu propia infancia. No solo antes del "Wende", sino también hoy. las dos partes de Alemania difieren significativamente en términos de una Aceptación y apoyo al empleo de la mujer (cf. Dressel 2005): un requisito previo importante para obtener ganancias dobles preparativos. En consecuencia, la diferencia en la interconexión golondrina de mar entre alemán occidental científicos y científicos ser más grande que sus colegas de Alemania Oriental. Del mismo modo, debería- diez una socialización "más igualitaria" y el modelo a seguir de los empleados madre la probabilidad de sexo típico soltero o soltera reducir los arreglos de ingresos tanto para hombres como para mujeres. Este debería a menor difería entre científicos y científicos con madres trabajadoras para liderar

Finalmente convertirse *sociodemográfico par de rasgos* tenido en cuenta: la constelación de edades y la presencia de niños. empresa anterior búsquedas hacia Importancia de la constelación de edades para los arreglos de empleo en parejas de académicos muestran, aunque no de manera unívoca, que el doble Los arreglos de servidumbre son más exigibles cuando las mujeres son mayores que sus parejas (cf. Rusconi/Solga 2007; Solga/Rusconi/Krüger 2005). sobre eso Además, es de esperar que los socios de la misma edad tengan principalmente la oportunidad de científicamente homogéneo Patrón restringir podría. En este parejas Ciertos (y similares) pasos y requisitos de carrera deben ser dominarse por igual, mientras que las parejas de ocupaciones heterogéneas diferentes lógicas profesionales al menos parcialmente una igualación de los requisitos puede apoyar. Finalmente, se sabe por la literatura que los niños aumentan el riesgo de arreglos típicos de género con un solo ingreso gallina (ver sección 2.2 así como el capítulo 3 en este libro). Por lo tanto debería Las diferencias entre hombres y mujeres científicos. niños ser más grande que entre individuos sin hijos.

A continuación, se analizará qué impacto tuvo la construcción relacionada con palabras, el futuro y los atributos de coincidencia en la conexión de grupos de atrapamiento específicos en el momento anterior al doctorado. Como se muestra en el segmento 2.4.1, existen claros contrastes entre los investigadores masculinos y femeninos en la difusión de los planes de juego de un solo trabajador y de un solo trabajador, así como en el diseño experimentalmente homogéneo de doble trabajador. La probabilidad de tener un lugar con una de estas reuniones se determinó utilizando recaídas inspeccionadas por probabilidad directa. Las probabilidades generales de las investigadoras contrastaron con las de los hombres: el valor 1 implica que las personas tienen una probabilidad similar para un diseño entrelazado particular, los valores más prominentes que 1 indican una mayor probabilidad para las mujeres y, por otro lado, las estimaciones inferiores a 1 tienen una probabilidad menor. como árbitro La clasificación de referencia para el diseño de la relación se volvió heterogénea en el campo de palabra relacionado curso de acción elegido, es decir, parejas, en las que el Investigador de

fue utilizado en una universidad o fundación de exámenes durante el cómplice que buscaba una vocación más allá de la ciencia. Como en las áreas examinadas en el pasado, este fue el término más conocido para los investigadores masculinos y femeninos y el grupo con la menor distinción en la orientación sexual.

Figura 2.4: Probabilidad relativa de las mujeres en comparación con hombres solteros, de un solo ingreso y académicos patrón de genes antes del doctorado

(referencia: berufsfeldhete- patrón rogen)

M0 : sexo; *M1* : características de la estructura del puesto; *M2* : estructura del puesto + origen características; *M3* : estructura ocupacional + caracteristicas de origen + par de rasgos
Fuente: registro "Juntos Carrera hacer"; propio calculos

La Figura 2.4 muestra las probabilidades relativas de la ciencia en comparación con los científicos, el único sostén de la familia, Arreglos de un solo ingreso o de doble ingreso académicamente homogéneo en pertenecer a la fase de doctorado. Si no hay otra característica que la mal considerado, los científicos tienen el doble de probabilidades de probabilidad de cómo las mujeres científicas son las únicas que ganan en la pareja eje (M0). dieciséis Por el contrario, para las mujeres científicas hay más de doble probabilidad enfrente de su Colegas, en uno acuerdo

---

[16] La probabilidad de un patrón de un solo trabajador en comparación con un patrón heterogéneo el acuerdo genético de doble fuente de ingresos fue del 54 % (frente al 28 % en científicos).

Arreglos entrelazados en el curso de la pareja.

vivir como sirviente (es decir, sólo el socio está empleado). [17] Hombres y las mujeres, por otro lado, difieren sólo ligeramente en términos de su probabilidad uno científicamente homogéneo doble fuente de ingresos gements frente a un campo ocupacional heterogéneo. Con una excepcion permanecer este diferencias de género también después consideración el la estructura ocupacional, el origen y las características de la pareja se mantienen relativamente estables (M1-M3 en la Figura 2.4). Únicamente para el patrón de un solo trabajador, el diferencia de género más pequeña; empezando por el modelo que turel Características consideradas.

Acerca de el *estructura ocupacional características* presentado sí mismo Por un lado, que en comparación con los arreglos heterogéneos de doble ingreso en el campo ocupacional en cohortes de graduación mayores y más jóvenes la probabilidad de conocimiento mujeres sean el único sostén de la familia, sólo la mitad era tan grande como sus pares (Figura 2.5). Por otro lado, Las mujeres solventes en la cohorte más joven tienen el doble de probabilidades de a acuerdo de ingreso único porque uno propio no empleorespectivamente. En este sentido, los graduados difieren venten de la cohorte mayor apenas unos de otros. Estos hallazgos contradicenla expectativa de una creciente similitud en las asociaciones de los graduados más jóvenes, porque en la comparación de cohortes el La diferencia de género en el modelo de ingreso único solo disminuyó ligeramente ha aumentado e incluso ha aumentado en el caso del patrón de asalariado único. solo fuera de liche del campo profesional científico o no científico Socios hay un claro acercamiento: mientras hombres y Mujer el más joven grupo con mas parecido probabilidad conocimiento- arreglos comunitarios homogéneos o heterogéneos de doble ingreso practicados diez, este no fue el caso en la cohorte mayor. Comparado con uno arreglo heterogéneo de campo ocupacional eran científicos de la más antigua cohorte tres veces más probable que sus paresun par de científicos.

En cuanto a las diferencias entre disciplinas, se demostró que las en comparación con sus colegas especialistas (más del doble pelt so) tenía un alto riesgo de un arreglo de un solo ingreso debido a un para liderar el propio no-empleo. ciencia masculina y femenina científico distinguido sí mismo sin embargo no de cada uno. El relativo Probabilidad de mujeres frente a hombres en el técnico ciencias no se puede calcular, porque aunque el 18% de los técnicos científicos, pero ninguno de ellos masculino colegas este ver

---

17 La probabilidad de un patrón de ingreso único en comparación con el campo ocupacional heterogéneo un acuerdo de doble fuente de ingresos fue del 24 % para mujeres científicas (frente al 10 % para mujeres científicas) científicos).

Figura 2.5: Probabilidad relativa de las mujeres en comparación con los hombres para personas solteras, con un solo ingreso y científicas senschafpatrón homogéneo antes del doctorado según características seleccionadas (referencia: ocupación patrón heterogéneo)

Fuente: registro "Juntos Carrera hacer"; propio calculos

Arreglos de enredo en el curso de la pareja.

patrón trenzado. [18] La expectativa de que técnica y natural trabajadores dado de ellos en el Comparación a hombres peor oportunidades en el mercado laboral una mayor probabilidad de ingresos (no deseados) tener patrones de ingresos, por lo tanto, solo puede confirmarse para los primeros. Una posible explicación para la mayor probabilidad de Ciencias Sociales eran, eso él en el Ciencias Sociales en el Comparación a el otros disciplina uno mas precario profesional situación allí, por ejemplo, B. con respecto a la tasa de desempleo y los límites de tiempo en el empleo lento (cf. Diaz-Bone/Glöckner/Küffer 2004). Aunque en esta disciplina plin mujeres experimentan menos desventajas que las mujeres en típicamente hombres disciplinas (cf. Capítulo 1 de este libro), todavía están amenazadas mayor riesgo de estar desempleado que sus pares. resumen Las expectativas en cuanto a las características estructurales de la ocupación podrán ser enviadas ni totalmente confirmado todavía refutado convertirse en.

Contrariamente a la expectativa de una creciente similitud en el los patrones de trenzado existían para los científicos también la cohorte de graduados más jóvenes diferentes probabilidades, Acuerdos de un solo trabajador o de un solo trabajador en una fase anterior de la carrera respectivamente. La creciente apertura del campo profesional de la ciencia -en el niveles de carrera más bajos - para las mujeres, sin embargo, significó que los científicos jóvenes científicos hombres y mujeres con la misma probabilidad acuerdo de doble ingreso en el mismo campo profesional experto.

También con respecto a la influencia de las *características de origen,* los resultados no ambivalente. Con respecto a la probabilidad de un solo o patrón de un solo trabajador en comparación con un campo ocupacional heterogéneo doble acuerdo de ganancias es, como se esperaba, la diferencia entre Alemania Occidental cal hombres y mujeres más grandes. Los hombres de Alemania Occidental estaban con ellos uno cerca de dos veces más alto probabilidad como su colegas mujeres el única fuente de ingresos, mientras que las mujeres de Alemania Occidental, a diferencia de sus lugar a doble entonces alto riesgo para a acuerdo de ingreso único tenía. Las diferencias entre hombres y mujeres de Alemania Oriental eran gene mínimo. El expectativa eso el empleo el propio Madre aumentó la probabilidad de patrones de ingresos duales, sin embargo no ser confirmado. Que el empleo de su propia madre no sea hizo más probable que las mujeres científicas fueran las únicas sostén de la familia en campo ocupacional heterogéneo Asociaciones de doble ingreso vivido contrario- no habla de la expectativa de una socialización más "igualitaria" (porque en ambos las mujeres buscan un trabajo). Sin embargo parece masculino científico no en el mismo Scope también se beneficia de ello tienen: porque incluso en comparación con sus colegas masculinos sin empleado Madre tenía ella uno algo más alto Probabilidad, el

---

18 Sin embargo es el riesgo uno semejante preparativos para científicos en el tecnología ingeniería más bajo como en el Ciencias Sociales.

ser el único asalariado. Por eso es la diferencia de genero entre científicos con madres trabajadoras mayor que entre aquellos cuyas madres no estaban empleadas. También fue el se separaron entre este científicos y científicos en el Patrón de ingreso único más grande que para aquellos con una madre inactiva. ter En este caso, sin embargo, la probabilidad era mayor tanto para las mujeres como para las hombres con madres trabajadoras también un poco menos que para sus Piernas con madres no trabajadoras. La expectativa de un favorable influencia creciente para arreglos de doble ingreso debido a un "igualitario ren" socialización por una madre trabajadora por lo tanto sólo puede ser sin embargo, no se puede confirmar inequívocamente para los hombres. Esto podría señala que para acuerdos entrelazados en asociaciones en lugar de de Significado es, si las madres de las mujeres (científicas o compañeras) fueron empleados, y menos lo que las madres de los hombres (científico o socio) hecho tener.

En cuanto a las *características de la pareja* , la constelación de edades tiene un misma influencia, especialmente para patrones de un solo ingreso. la mayor diferencia existió entre científicos de la misma edad asociaciones de genes. En comparación con un acuerdo profesionalmente heterogéneo ment, hubo una mayor probabilidad de que los hombres con una ventaja de edad probabilidad para el patrón de sostén único como en su Colegas con compañero de la misma edad, pero lo mismo también se aplica a los (pocos) parejas femeninas con parejas más jóvenes, de modo que para este grupo de la diferencia era muy baja. Dado que las mujeres, sin embargo, con mucha menos frecuencia que los hombres tenía una ventaja de edad, [19] puede ser parte de la diferencia de género en la difusión del arreglo de un solo trabajador también en un compuesto se puede atribuir el efecto iónico. La expectativa es también la Hallazgos: Los (pocos) científicos con parejas mayores estaban con nosotros menos probable que sus colegas con otras constelaciones de edad ción único asalariado. Sin embargo duración para científicos con socios mayores una probabilidad aún menor, por lo que para este constelación la diferencia de género permanece. Estos hallazgos confirman que los patrones de ingresos duales (aquí heterogéneos en campos ocupacionales) tienden a estar en las parejas atípicas de edad son posibles; es decir, donde las mujeres (Socios o científicos) más viejo que sus maridos. Pero como ya sugiere el término "atípico", tales (beneficiosos) Constelaciones de edad muy raras. Para hombres y mujeres, por el contrario, la No se puede confirmar la expectativa de que, sobre todo, los científicos en colegas asociaciones con menor probabilidad conocimiento- eje homogéneo como campo ocupacional heterogéneo patrón de doble fuente de ingresos comprendió

---

[19] En promedio, los científicos tenían alrededor de un año más y las mujeres dos años. más jóvenes que sus parejas

(Hess/Rusconi/Solga 2011a: 76). Sólo el 7% de los científicos correr contra 53% de ellos Colegas tenía a ventaja de edad de al menos uno Año.

Arreglos de enredo en el curso de la pareja.

diez. [20] Una posible explicación para este hallazgo sería que en esta temprana otra fase profesional, el afrontamiento simultáneo de requisitos profesionales similares todavía era fácil de organizar o tan bueno como en diferentes campos profesionales. Sin embargo interpretar el Resultados también luego, eso el cuestión fundamental en las parejas de la misma edad es si dos en absoluto El empleo remunerado es (puede ser) realizado. porque sobre todo con los machos Científicos con un compañero de la misma edad es la probabilidad de a acuerdo de ingreso único relativamente alto. A entretejiendo patrón, que en estas parejas de la misma edad no es explicar la entrada tardía de la pareja en el mercado laboral debido a la edad sino más bien a las dificultades de hacer frente al mismo tiempo requisitos profesionales indica.

Finalmente, los niños deben ser mencionados. El hecho de que el hombre Los científicos tienen el doble de probabilidades que sus pares a único asalariado eran, colgado no – al menos no a este tiempo

– con la presencia de niños. Incluso los hombres sin hijos tenían más probabilidades de ser los únicos asalariados en comparación con sus colegas sin hijos. Además, no hubo diferencia entre científicos con y sin hijos. [21] Por otro lado, para las madres en El doble de probabilidades que los padres de estar de acuerdo arreglo de sirviente porque el propio no empleo a liderar, mientras que los científicos sin hijos solo están aquí poco diferentes entre sí. Esta mayor probabilidad o aquella *Sin embargo,* el mayor riesgo de las madres en comparación con los padres no se debe a ello. atribuido al hecho de que las madres tienen más probabilidades de ganar nermuster que los colegas sin hijos tenían. Fueron los padres quienes en comparación con sus colegas sin hijos, una cantidad sustancialmente menor probabilidad de no estar empleados ellos mismos. para hombre Los científicos encontramos así una primera indicación de que los padres de social expectativa en consecuencia el Familia a través de uno propio empleo seguro. Para mujeres: científicas y socias Sin embargo, otros factores además de los niños parecen jugar un papel para uno no empleo a jugar.

En resumen, se puede afirmar que los científicos y las científicas científicos típico de género oportunidades para particular entrelazando

---

20   Para hombres y mujeres científicos, la probabilidad es uno científicamente homogéneo arreglos de doble ingreso en el Comparación a uno profesional-heterogeneidad de campo más baja entre los más jóvenes que sus parejas. El la diferencia de género más pequeña fue entre hombres y mujeres científicos a con mas joven para encontrar socios.

21   No es sorprendente que esto también fuera cierto para las mujeres. Frente a un campo profesional heterogéneo acuerdo de ingreso dual era la probabilidad de un acuerdo de ingreso único mentos para mujeres científicas con y sin hijos aprox. 20% (vs. aproximadamente 40% para sus hombres) chen Colegas).

patrones de desarrollo en la fase de doctorado. Sobre todo en lo que se refiere a la difusión de acuerdos de un solo trabajador en comparación con los profesionales patrón de doble ingreso heterogéneo de campo es la expectativa de un aumento el semejanza de científicos y científicos claramente refutado estado. Solo acerca de de campo profesional el Socios encontró se produce una aproximación en el caso de parejas de doble ingreso. Usted además puede encontrar Sugerencias en disciplina y género específico riesgos en hacia mercado de trabajo, es decir, sobre todo en lo que se refiere a las restricciones al empleo actividad de los científicos sociales y técnicos. el tambien juega El contexto social y familiar de origen juega un papel significativo. Antes especialmente las mujeres (aquí científicas) se beneficiaron de la socialización por una madre trabajadora en el sentido de "pegarse" a una empleo y en un patrón de doble ingreso. finalmente mostrar los resultados muestran que es más probable que los arreglos de doble ingreso estén en sociedades son posibles en los que las mujeres (socias o científicas) a) son mayores que sus maridos.

Pero, ¿hasta qué punto son los patrones entrelazados de estos ver temprano fase de carrera a largo plazo de Significado, es decir para el entrelazando preparativos ¿después de la graduación?

2.4.4 *Todo en el viejo o convertirse el tarjetas ¿reorganizado?*

Al igual que antes del doctorado, los descubrimientos de las disecciones multivariantes muestran que, en contraste con la palabra relacionada, los trabajadores heterogéneos del plan de juego de dos trabajadores heterogéneos del campo con menos probabilidad que sus Socios, que eran los únicos proveedores en la organización. Por otra parte, vivían conmigo con una probabilidad dos veces mayor en una organización lógicamente homogénea. La figura 2.6 muestra las probabilidades de que los investigadores de la información que se basan en el plan de entrelazado del doctorado, un modelo experimentalmente homogéneo o único, tengan un lugar con el diseño del trabajador después de graduarse. La referencia es como en el pasado área que la palabra relacionada con el campo ejemplo heterogéneo.

A pesar de las cualidades de construcción, inicio y combinación relacionadas con la palabra, así como la conexión con uno de los seis ejemplos antes de que se considere el doctorado (Figura 2.6), se puede ver muy bien que los investigadores que tienen las oportunidades más altas para un modelo de trabajador solitario en contraste con un plan de calidad de heterogeneidad relacionada con la palabra, fueron los que en ese momento se establecieron antes de que el doctorado ensayara este plan de juego de unión. Las diferencias entre las personas de este grupo son, de todos modos, absolutas: los investigadores, que fueron los únicos trabajadores en la etapa de doctorado, se quedaron después del movimiento con múltiples probabilidades de unirse como investigadores.

Arreglos de enredo en el curso de la pareja.

Figura 2.6: Probabilidad de hombres y mujeres para lenguado patrón de ingresos dual que es homogéneo en términos de sirvientes y académicos después del doctorado según la interdependencia seleccionada término de la fase de doctorado (referencia: campo de trabajo heterogéneo Patrón)

2.5 La interdependencia de los científicos en el historia familiar

Como se discutió en la segunda sección, los eventos familiares también pueden conducir a un "cambio de interdependencia". Para examinar cómo las parejas después del nacimiento de su primer hijo, un arreglo de matrimonio diferente para practicar sus actividades, primero es necesario entender los patrones en el dos años antes el nacimiento de primero corporal niño corto representar alrededor entonces una comparación con el arreglos posteriores permitir.

El análisis de la interdependencia de las trayectorias laborales de los científicos padres y sus parejas antes del nacimiento de su primer hijo muestra cuatro patrón (no se muestra). Alrededor del 40% de los científicos y los científicos las mujeres vivían en un arreglo ocupacionalmente heterogéneo de doble ingreso mente. Se pueden encontrar diferencias significativas de género en la distribución de científicamente homogéneo y Arreglos de un solo trabajador: anterior eran claramente más a menudo en científicos (32% vs. 18% en el hombres), este último entre científicos varones (33% vs. 13% para las mujeres). Para el 10% de los científicos y el 14% de los científicos trabajadores era el entretejiendo a través de interrupciones el Conocimiento- actividad empresarial, ya sea por motivos de trabajo remunerado el socio fuera del sistema científico o desempleado habilidades del científico. Esencialmente, entonces, las interrelaciones patrón antes el paternidad aquellos en el fase de doctorado muy similar

– entre otras cosas, porque la mayoría de los científicos sólo después de el doctorado se convirtió en padres (cf. capítulo 3 de este libro; Hess/Rusconi/ Solga 2011).

La figura 2.7 muestra que, además de los datos

científicamente homogéneos y ruffeldheterogeneen patrones de ingresos duales (Patrón 1 y 2) y hacia acuerdo de ingreso único (Patrón 3) en el seis años después el nacimiento

---

Eso significa, que cómo en el Sección 2.4.3 establecido, No Patrón de ingreso único debido a la no empleo el científicos después el promoción a encontrar es. del primer hijo había un arreglo entrelazado adicional que debido a una pausa relativamente larga en la carrera académica caracterizado por estar inactivo (9%, patrón #4 en Figuras 2.7). [24] Además, todos los patrones para el período posterior al niño desnacimiento más a menudo etapas con uno otros combinación el actividades en. Una comparación de los patrones de enredo antes y después del nacimiento primer hijo deja claro , *en primer lugar* , que la distribución del doble salario pareja después el nacimiento remoto tiene; a saber de 72% en 53% –y este ser entonces, si junto a el ambos científicamente homogéneo y
-heterogéneo doble ingreso también el acciones de doble fuente de ingresos el edad grupo mixto. *En segundo lugar,* macho Che y las mujeres científicas después de la paternidad claramente en su Arreglos: cuatro veces más hombres que mujeres científicos eran único asalariado (40 frente a 7%). Por otra parte, casi una quinta parte de Mujeres científicas (17%), pero solo dos científicas desempleado. Sin embargo, poco más de la mitad de los científicos nen, así como el 40% de los científicos también estaban después del nacimiento de la primera niño parte de uno pareja de doble ingreso. El nacimiento de un niño resultó entonces no inevitablemente a más extenso saltos de carrera el Mujer (ni para los socios ni para los científicos). el arriba la preservación legal de las mentiras del acuerdo de doble ingreso, como el análisis mostrará en el

capítulo 3 de este libro – en los procesos de negociación en el Par así como apoyo externo.

Una comparación de los patrones de enredo antes y después del nacimiento del primer ted niño a nivel individual también muestra que la mitad del conocimiento que, antes del nacimiento de su primer hijo, pudo haber tenido un arreglo entrelazado, esto también después practicado (54% de los científicos y 58% de los científicos). Sin embargo, mientras el 15% de las mujeres de este grupo continúan su trabajo por un período más largo, este no fue el caso de ningún hombre. Sin embargo casi una quinta parte de los científicos y sólo una mujer ner.

22

Uno algo más alto estabilidad el patrón de entrelazado tenía Conocimiento- trabajadores en antes campo ocupacional heterogéneo Asociaciones: 66% el Los hombres y el 63% de las mujeres continuaron con este patrón de enredo. Pero incluso en este grupo, casi una quinta parte de los hombres y ninguna de las mujeres se convirtió en Único asalariado, mientras que el 9% de las mujeres y solo un hombre después del parto del niño su empleo interrumpido.

---

24 También existe una fase mixta para la fase posterior al nacimiento del primer hijo grupo (20%; patrón n.° 5) en el que no hay enredo dominante sino alternante arreglos y muchos casos (censurados), es decir, donde la entrevista antes de la sexto Cumpleaños de niño tuvo lugar

Arreglos de enredo en el curso de la pareja

el primer niño Patrones entrelazados, sin embargo, aquellos científicos varones que ya están *antes* el nacimiento único asalariado eran (80% contra 36% el Mujer). Sin embargo Una cuarta parte de los científicos de este grupo interrumpieron su empleo actividad mientras la pareja se empleaba (27%). El resto de Después del nacimiento de su primer hijo, los científicos cambiaron a socialmente homogéneo y en unos pocos casos ocupacionalmente heterogéneo doble arreglos de ingresos (18% y 4% respectivamente).

En resumen, esto significa: Aunque las sociedades de doble ingreso especialmente para mujeres científicas después del nacimiento de su primer hijo representan el arreglo de entrelazamiento mayoritario, tiene paternidad un significado incisivo y de género para hombres y mujeres y por el entrelazamiento de historias laborales en las relaciones de pareja gene. Este familia Evento dirige derecho en científicos y sus socios a cambios mayores que el evento profesional de Promoción. La razón principal de esto es la persistencia del género. más típico patrón de roles, el también en académico educado hombres y

las mujeres son comunes. A continuación se examinarán qué propiedades de los científicos y sus socios para buscar una mal arreglos típicos de un solo trabajador o de un solo trabajador después del nacimiento de primero niño explicar poder y en qué manera más temprano entretejiendo los arreglos afectan más adelante.

Los análisis multivariados muestran que los científicos, incluso después de consideración de la estructura ocupacional, origen y características de la pareja - con diez veces más probabilidades que sus pares después del nacimiento del primer hijo son los únicos sostén de la familia durante un período de tiempo más largo. ciencia científicos interrumpido sin embargo su propio empleo con doble una probabilidad tan alta como sus colegas. [25]

Cómo también para el patrón de entrelazado en el historia profesional mostrado convertirse, no hay acercamiento entre hombres y mujeres científicos de la cohorte de jóvenes graduados. Al contrario: en igual a un doble (científicamente homogéneo o -heterogéneo) arreglo de sirviente dio él en el graduados el más joven grupo incluso una mayor probabilidad de solteros o Patrón de ingreso único que los graduados que se graduaron antes de 1990 había adquirido. Con respecto a las disciplinas, el conocimiento sin diferencias, mientras que masculino técnico y natural científicos más propensos que los científicos sociales en Sociedades de un solo trabajador vivido. en resumen poder para el se registran características *estructurales ocupacionales* propias del género Patrones de enredo después del nacimiento de los niños en mayor medida. graduados más jóvenes y científicos varones en tales nombradas disciplinas dominadas por hombres (tecnología y ciencias naturales diez) fueron practicados.

En cuanto a las *características de origen* , se puede afirmar que como era de esperar Arreglos de un solo trabajador después del nacimiento del primer hijo con mayor (casi el doble) de probabilidad entre los científicos de Alemania Occidental que se podía encontrar con sus colegas de Alemania Oriental. Las diferencias entre Mujeres científicas de Alemania Occidental y Oriental en términos de patrón de ingresos únicos eran sin embargo significativo más bajo. No notable diferencias se encuentran, por otro lado, entre científicos cuyas madres durante de ellos infancia abrumadoramente empleado eran, y aquellos cuyo madres eran en su mayoría amas de casa. Esto significa que un tradicional la división del trabajo en la familia de origen reduce la probabilidad ser empleado en absoluto (cf. sección 2.4.3), pero si esto Mujer empleado son, entonces lugar ella después el nacimiento de primero niño

---

25 Por razones de espacio, los modelos estimados (probabilidad lineal) para el entrelazamiento no se muestra el patrón de desarrollo después del nacimiento del primer hijo. estas con el autor en Consulta disponible.

Arreglos de enredo en el curso de la pareja.

su empleo Tal como pocos hacia disposición Cómo su colegas mujeres de familias de origen con una división del trabajo más igualitaria.

Con respecto a la *constelación de edades* en la sociedad, una diferente influencia en los patrones entrelazados de lo masculino y lo femenino. femenino Científico. masculino científico con atípico Constelación de edad (es decir, en la que el socio o el científico más viejo era) experto después el nacimiento de primero niño con más grande Probabilidad de un acuerdo de único sostén económico típico de género que su Colegas con otros constelaciones de edad. Sin embargo distinguido mujeres científicas que eran mayores que sus parejas con respecto a su Probabilidad de arreglos de un solo trabajador no de sus pares con una constelación de edad típica o de la misma edad. Para la familia fase posterior al nacimiento del primer hijo no puede ser confirmada, eso el probabilidad de arreglos de doble ingreso en Envejecido parejas atípicas es mayor. Todos estos hallazgos apuntan a una importante Patrones persistentes de roles de género después del nacimiento de los niños allá.

Con respecto a la importancia de los patrones de

interdependencia anteriores, la evidencia encontró una clara estabilidad del patrón de entrelazamiento (Figura 2.8). El más alto probabilidad para a acuerdo de ingreso único

Figura 2.8: Probabilidad en hombres y mujeres para solteros y Patrón de ingreso único después del nacimiento del primer hijo despues patrones entrelazados seleccionados antes del nacimiento (referencia renz: académicamente homogéneo y profesionalmente heterogéneo Patrón)

único asalariado después nacimiento   de una sola fuente de ingresos después parto

2.6   Conclusión

En este capítulo, los patrones entrelazados de las historias de empleo en parejas de académicos y su dinámica. Esencialmente existe- cuatro patrones de enredo: dos patrones en los que ambos socios son activos (campo ocupacional heterogéneo y científicamente homogéneo doble salario nerarrangements), y dos patrones donde sólo uno de los dos socios tiene un empleo remunerado (investigador o socio). Sin embargo, la difusión de este patrón entrelazado es chen profesional y fases familiares así como entre científicos y Mujeres científicas distribuidas "desigualmente".

Asociaciones de doble ingreso poner para científicos el representan la mayoría de los patrones de interdependencia en todas las fases profesionales y familiares, mientras que entre sus compañeros masculinos son algo menos frecuentes y según nacimiento del primer hijo estaban a la par con el patrón de sostén familiar único. También porque nuestro población de estudio – científico empleados

–   el desempleo (temporal) de los científicos era relativo raramente, pero en dos fases de la vida, especialmente en mujeres científicas a a encontrar: en el fase de doctorado y después el nacimiento de primero niño

Arreglos de enredo en el curso del par

des. El único empleo del científico, por otro lado, vino en todas las fases, pero fue más común en los hombres científicos en el fase de doctorado y antes todo después el nacimiento de primero niño a. EnEn todas las fases profesionales y familiares hubo, por tanto, oportunidades propias del género. para ciertos patrones de interdependencia, así como para cambios en la interdependencia ción después del doctorado o el nacimiento del primer hijo.

Debe enfatizarse que esta distribución típica de género de los modelos de fuente única, única y doble *no es* un "anticuado" Fenómeno que principalmente científicos de las cohortes de graduados mayores. Precisamente la expectativa de un arreglar semejanza entre científicos y científicos el más joven grupo de graduados podría no confirmado convertirse en. Bastante en el Opuesto: Tanto para la fase de doctorado como para la fase posterior nacimiento de primero niño dio él en el graduados el más joven Cohorte incluso una mayor probabilidad para el sexo específico Practicar patrones de sostén único. Los hallazgos para el científicos masculinos sugieren que las condiciones para el doble pelverinnerarreglos deteriorado tener. resucitado Requisitos a los científicos, como una mayor relevancia profesional de terceros recaudación de fondos, publicaciones en Habla ingles revistas (ver. Mascar 2006) y estancias en el extranjero – atados juntos con uno más Precariedad de la facultad científica media (cf. Gülker 2010). por un lado, el riesgo de un patrón de ingreso único (por ejemplo, debido a ing pausas en la carrera) aumentar, por otro lado pero también el uno patrón de un solo trabajador cuando se intenta hacer frente a la inactividad el socio el uso flexible bajo prueba constante del conocimiento estafadores permitir.

En este sentido, también hay que subrayar que Los arreglos genéticos de doble ingreso son comparativamente riesgosos o inestables son. Esto es especialmente cierto en las asociaciones de científicos varones. para determinar. Después del doctorado de los científicos con uno antes científicamente homogéneo patrón de doble fuente de ingresos era uno desempleo a largo plazo con los socios de los científicos doble entonces probablemente Cómo en el socios el científicos. En último encontró bastante a Cambio de ocupación como no empleo en lugar de. dado nuestro población de estudio, en el solo bajo el Los socios se pueden encontrar personas que han dejado la ciencia, es de eso salir eso el aquí presentado Resultados el salidade las mujeres en la ciencia incluso subestimar.

Sin embargo, los hallazgos también muestran una clara estabilidad de las interdependencias patrones de desarrollo a lo largo de las fases profesional y familiar. Después de la promoción ción y después del nacimiento del primer hijo (ocupación heterogénea o. científicamente homogéneo) patrón de doble fuente de ingresos antes todo en aquellos para encontrar parejas que ya tienen tales patrones entrelazados en las fases antes. Los "puntos" para el entrecruzamiento de las historias laborales en Así que las sociedades se establecieron temprano en la carrera. esto se aplica pero también para hombres científicos y sus parejas por su cuenta patrón de ingresos: También tenían una alta probabilidad de que continúan este patrón en etapas posteriores de la vida. Por otro ladotienden a adoptar el patrón de un solo ingreso entre los científicos y sus socios acuerdo temporal 26 –

Finalmente es enfatizar eso Asociaciones de doble ingreso son muy comunes y entre los científicos también después del nacimiento de la primer hijo representan el patrón mayoritario de interdependencia. sin embargo es un mito que las parejas académicas suelen ser de doble ingreso. Incluso entre las mujeres científicas -un grupo seleccionado positivamente- muestra interrupciones a largo plazo (!). El fenómeno es aún más subestimados al considerar los arreglos de sus colegas masculinos o de los socios de los colegas considerados. Eso significa la promoción de la proporción de mujeres en la ciencia necesita una clara mejora el condiciones generales para parejas de doble ingreso, y este ya en más temprano fases de la carrera (promocional y postdoctorado), así como para una

Vuelta al trabajo en general y a la ciencia especial.

---

26 Dado que las mujeres (y los hombres) que hacen ciencia por su propia falta de empleo ness pero no están viviendo en una sociedad con un científico, no están incluidos en nuestra muestra, la propagación de la nerpatrones subestimado

3. Carrera con un niño en la ciencia – Reivindicación igualitaria y realidad tradicional de arreglos de cuidado familiar exitoso Mujer y sus socios

3.1 ¿Niño barrera profesional?

"Oh, Sra. Neubert, ¿todavía está en ciencias? tienes dos ahora Niños." (Profesor, tres niños)

La ciencia representa un campo profesional en el que las mujeres con hijos en las posiciones de liderazgo son raras. Solo cada tercer a quinto profesor sorin, pero más de uno de cada dos profesores tiene uno o más hijos (cf. lind 2008; Metz-Göckel/Selent/Schuermann 2010). En conexión con el Preguntar despuéś Oportunidades profesionales de alto calificado Mujer se convierte el Tener hijos sigue siendo el "obstáculo número uno para las carreras" discutido En este capítulo queremos profundizar específicamente en la cuestión de qué influencia de los niños en el desarrollo profesional de las mujeres en la ciencia tener.

Las universidades y colegios son un campo de actividad en el que aquellos éxito para aquellos que basan toda su vida en la ciencia e investigación (cf. Engler 2001). Una carrera científica re es en el Regla con uno alto personal Misión así como largo horas de trabajo y largas fases de cualificación (cf. Beaufaÿs 2005). Las características clásicas de la actividad profesional como Los científicos corresponden a aquellos en muchos aspectos otras profesiones académicas con áreas de responsabilidad independientes y tareas de gestión: Alta y flexible disponibilidad horaria requisitos de habilidad (en el día, semanalmente y tiempo de trabajo anual) así comoAltas exigencias de movilidad geográfica. Añadido a eso una carrera en ciencias durante un largo período de tiempo No seguro perspectiva laboral ofertas sin embargo es uno ligera tendencia giro perceptible de la conocida imagen de mujeres científicas sin hijos: El Parte Doctor Mujer con niños y Doctor Mujer sin

Los niños en posiciones de liderazgo son iguales dentro y fuera de la academia alta (cf. Schubert/Engelage 2010), y profesoras con hijos una familia antes en la vida que sus colegas mayores (cf. Zimmer/Krimmer/Stallmann 2007). Una mirada más cercana a las mujeres que están siguiendo una carrera científica con un niño muestra que ellos muchas veces no tienen el número de hijos deseado porque nacen al nacer varios Niños negativo consecuencias para su carreras de ciencias anticipar. También tesoro científicos su profesional Futuro bastante pesimista, aunque son fundamentales para su profesión conceder y en esto uno atractivo perspectiva de carrera ver (ver. lind 2008). En general, las mujeres altamente calificadas con familias deben la mitad de la ciencia con desventajas en cuanto a su movilidad profesional y aceptar la pérdida de ingresos asociada (cf. Schu-Bert/Engelage 2010).

Las desventajas profesionales de las mujeres en la ciencia descritas aquí embargo, no vuelvas a formar una familia per se, sino a la con el cuidado de niños relacionado profesional Restricciones, Cómo varios meses de pausas en la carrera, jornadas laborales reducidas, menor Horarios de atención o la restricción de la movilidad espacial, como los nuevos Resultados de la investigacion espectáculo (ver. Metz-Göckel/Selent/Schuermann 2010). Especialmente en el primer año de vida, pero también más tarde, la ciencia La mayoría de las mujeres aprenden la responsabilidad principal de cuidar a sus hijos (cf. Hess/Rusconi/Solga 2011a). Sus contrapartes masculinas tienen más a menudo Socios, el no o solo empleo limitado son, de modo que más a menudo "la espalda se mantiene libre" para sus carreras (cf. Hess/ Rusconi 2010). Las científicas solo comparten información en casos excepcionales su socios el deberes de cuidado ya en el primero edad de niño (casi) por igual. Una guardería exclusiva a través de la pareja a menudo no llega ni para las mujeres ni para los hombres mismo en consideración. [1] Las mujeres científicas son, por lo tanto, como otras (empleadas) ge) Mujeres también – con expectativas sociales específicas de coraje confrontado Los "llamados a la maternidad", es decir, la sociedad científico expectativa en Mujer en moderno compañías, junto a el trabajo remunerado para probarse como madre (cf. Correll 2010), en desacuerdo con el fuerte y completo enfoque en ción de carreras profesionales (cf. Reichart/Chesley/Moen 2007).

Hasta el momento, poco se sabe sobre cómo las científicas sin carrera doblar su carreras con niños continuar poder. El testimonial

---

[1] analiza presentado eso incluido a menudo estereotipos normativo Expectativas en paternidad en publicado, y si los socios trabajan como científicos, La ciencia construida por sus socios como una profesión con flexibilidad espacio-temporal que, a diferencia de otras relaciones laborales, se basa en la libre elección Horas Laborales el Cuidado de niños permite (ver. Hess/Rusconi 2010).

Carrera con un niño en ciencias

te muchos científicos con niños) espectáculo, eso este todo otro como algo natural (cf. Biller-Andorno et al. 2005). qué tan alto mujeres calificadas también siguen sus carreras con niños, a veces en condiciones muy diferentes maneras – muestra el estudio de Walther y Schaeffer-Hegel (2007) para carreras no académicas. Generalmente Encuentran que las mujeres altamente calificadas tienden a criar a sus hijos llegar más tarde en la vida, con la elección del momento no sigue un patrón consistente y no hay un punto ideal en el tiempo puede determinarse subjetiva u objetivamente. Sin embargo, los autores pueden identificar algunos de los factores de éxito que hacen posibles las carreras profesionales con niños chen Por un lado, este es el comportamiento de las mujeres, que se refleja en la mulación más claro Objetivos, el abierto Ingresar para el propio Intereses y caracterizan la resiliencia a veces alta. Por otra parte, confirman autores eso el directo reentrada después la licencia de maternidad o después de una interrupción de un máximo de seis meses y la posibilidad capacidad a los flexibles Trabajar más económico es para el profesional Éxito de Mujeres como descansos profesionales a largo plazo o trabajos a tiempo parcial gen. Sin embargo, sólo las mujeres pueden tener un empleo continuo y completo que tener la certeza de que sus hijos serán atendidos (en un alto nivel) Está garantizado. Según Walter y Scheffer-Hegel, esto suele establecer un Combinación de cuidado infantil público o de empresa con servicios adicionales liche Privado fundado cuidado de niños por adelantado. No último probar sí mismo el apoyo del socio "de fundamental importancia para la reconciliación exitosa de los hijos y la carrera" (Walther/Schaeffer- Hegel 2007: 19). Parejas que comparten el cuidado de los niños con sus esposas compartir, apoyar las carreras de sus esposas no solo en la práctica, sino también inmateriales y representan un fortalecimiento moral para los científicos dar.

¿En qué medida afectan estos resultados a las carreras de las mujeres científicas? son transferibles aún no se ha investigado adecuadamente. Sólo empezamos a saber cómo se desarrollan en la ciencia las carreras de las mujeres con familia (cf. capítulos 2 y 5 de este libro). Lo que no queda claro es qué asociación Los procesos de negociación están detrás del cuidado infantil realizado. rangos se esconden y en qué medida afectan las carreras de los científicos canales de influencia. Ambos son el tema de este artículo. Iban suponer que para las mujeres y los hombres empleados altamente calificados que vivir en pareja en el mismo hogar y tener hijos, convencional todas *las consideraciones económicas familiares de costo-beneficio* (cf. Becker 1991) solo muy limitado al desgaste venir. tienen una especialización la pareja es menos (menos) atractiva debido al trabajo remunerado *o al trabajo doméstico* las altas inversiones educativas de ambos socios o esta especialización se vuelve, por ejemplo, B. tampoco aplicable debido a diferencias de ingresos más pequeñas se esfuerza Simultáneamente propio otro económico explicaciones Cómo el *modelo de negociación de recursos* (cf. Ott 2001) cierto poder explicativo para la división del cuidado de los niños, siempre que las expectativas sociales se incluyen genes y estándares. Este enfoque toma el relativo poder de negociación entre el socios antes el formar una familia como punto de partida para decidir cómo debe ser el cuidado de los niños entre los dos socios. A partir de esta base basado el Toma de decisiones en racional consideraciones el Pareja. También actúan anticipándose a futuras oportunidades en el mercado laboral y ofertas de trabajo concretas cuya interrupción de la carrera es menos grave tiene un efecto negativo en el regreso al trabajo (cf. Pfahl/Reuyß 2009). Las expectativas de los superiores y colegas definitivamente juegan un papel aquí Un rol importante. El hecho de que tiende a ser altamente calificado Las mujeres y no sus parejas toman el permiso de paternidad entonces puede explicarse con eso que las parejas deben ser alentadas o sancionadas para formar una familia a través de el Empleador para Mujer y Hombres diferente evaluar. Luego deciden a pesar de inversiones igualmente altas en educación. para que la mujer tome la licencia parental. Esta toma de decisiones por un lado debido a la edad frecuentemente más joven de la mujer (en comparación con directamente a su pareja) y por lo tanto su cardio no tan avanzado por otro lado debido a los procesos de segregación en el mercado laboral las mujeres tienen más probabilidades de trabajar en puestos con menos oportunidades de ascenso oferta (cf. Rusconi/Solga 2008).

En referencia a hacer enfoques de género, la desigualdad de género debe unidades, que se generan y reproducen en las acciones de las parejas, pero también en cultural creencias el Participantes, Cómo por ejemplo, B. cambió ideales del amor romántico (cf. Herma 2009). Por lo tanto, las decisiones de curso de vida cada vez más orientadas a la carrera mentos de mujeres con parejas altamente calificadas y bien remuneradas comprensible (ver. Gildemeister/Roberto 2008). Fuera de este perspectiva se convierte la creciente proporción de hombres que tienen que cuidar a sus hijos regalos hacerse cargo y limitar sus horas de trabajo comprensible.

Las características centrales de una carrera académica, como la alta electividad, un bajo nivel de previsibilidad y un alto nivel de inseguridad profesional logro de la cátedra, sugieren que *riesgos biográficos excesivos , como formar* una familia en un momento posterior en el curso de la vida. o la progresión de la carrera puede posponerse. Al llegar a un sólido posición y la consiguiente consolidación de la ciencia Si llega tarde, formar una familia puede ser menos riesgoso para usted mayor progresión profesional. Desde la perspectiva del curso de vida, parece que Por lo tanto, las oportunidades de carrera para las mujeres en la ciencia son más favorables si la transición a la paternidad en el Historia de Carreras hecho más tarde.

3.2   *pregunta _ y método*

En el contexto de estas consideraciones y de los resultados de la En términos de investigación, este artículo aborda dos preguntas de investigación: Primero se convierte examinado, qué estrategias científicos con niño(s) para desarrollar la búsqueda de sus carreras y qué arreglos de tutoría mentos (con sus parejas) se pueden encontrar al formar una familia. En- Finalmente, se examina qué influye en las soluciones del cuidado de los niños. ung sobre las oportunidades profesionales de las mujeres científicas. Como parte de este El enfoque de este artículo es sobre las diferencias entre el conocimiento Mujeres con y sin carrera. Con este enfoque podemos Mujeres científicas en los niveles de carrera por debajo de la cátedra en nuestro volver a incluir análisis y hallazgos que anteriormente solo eran para profesoras plantillas, complemento. Condiciones de éxito para la realización de la familia. y las carreras científicas para las mujeres pueden por lo tanto ser más apropiadamente espectáculo.

una *familia* significa el *nacimiento del primer hijo* el. Sin embargo, también incluimos a los niños no biológicos que nacen en el vivía en el mismo hogar. Por lo tanto, formar una familia es un importante Ges acontecimiento biográfico, porque con el nacimiento del primer hijo para los padres a los compromisos profesionales y privados ya existentes, nuevos añadir tareas que consumen mucho tiempo. En contraste con esto, resumimos el Nacimiento(s) de todos los demás hijos como una extensión de la familia, que sin embargo solo secundario tener en cuenta poder. Porque científicos y su Los socios acuerdan las estrategias y la organización de los niños. cuidado diferenciar, desarrollar diferente beneficioso (o. desventajosas) condiciones de realización de sus carreras después de la familia establecimiento.

En nuestros análisis, el *concepto de carrera se utiliza en su significado formal* ción utilizada en la ciencia: Definimos que una persona es un tiene una carrera si completa su doctorado dentro de seis años y la mitad de 16 años ha completado su habilitación y una adecuada ocupa un puesto profesional. En las ciencias técnicas, en las que se realizan con menor frecuencia, la asunción de tareas de dirección ser utilizado como un criterio equivalente para una carrera (cf. Capítulo 1 en este Un libro).

Por *estrategia* entendemos la forma en que los individuos persecucion de apuntar y Desear acto. estrategias propio uno dimensión normativa que puede reconstruirse cuando los socios expresan su cal e ideas sobre el empleo remunerado y la paternidad. Suponemos que las estrategias implican actuar en diferentes contextos. textos y, por lo tanto, también dirigida a los científicos calloso y social Expectativas ser y proceso. Estratégicamente acto
significa actuar intencionalmente hacia una meta, pero no en sentido estricto. actuar de manera calculadora. Esto significa que los actores no actúan con instrumentos. mentalmente hacia un solo objetivo parcial y, por lo tanto, pueden desarrollar sus propias estrategias también "sucumbir". [2] Hasta ese punto propio el estrategias el parejas con referencia a de ellos profesional Desarrollo así como el camaradería y Familia a fortalecer influencia en el diseño real de puericultura

A la hora de organizar el cuidado de los niños, diferenciamos *entre parejas Régimen de atención* de los *servicios de atención prestados por terceros* . anterior significa la división de la responsabilidad de las tareas de cuidado entre los socios y la implementación de estas responsabilidades en la vida cotidiana. agarrarlo volvemos a tipificaciones ideales de los arreglos de cuidado: En una *acuerdo de cuidado tradicional,* la mujer asume el papel principal responsabilidad del cuidado de los niños. En un *tradicional inverso len cuidado arreglo* es el hombre. en un *igualitario desvestirse* dividir sí mismo ambos pareja el deberes de cuidado igual amable. El ambos primero lugar entonces en demarcación al igualitario arreglos de cuidado representan arreglos jerárquicos de pareja (cf. Rusconi/ Solga 2008). El apoyo de terceros significa el uso de información pública Centros de acogida, niñeras o participación de personas de las redes privadas al cuidado de niños. Ambos aspectos, los emparejados arreglo de cuidado interno y cuidado externo trabajan juntos, desde la externalización del trabajo de cuidados por una o ambas partes mejor organizado debe convertirse.

Para nuestro análisis se utilizan métodos cuantitativos y cualitativos. en la papelera En el *primero Paso* se convierte a corto descripción general sobre eso dado, OMS de los científicos en asociaciones académicas una familia establece cuándo suele ocurrir esto y cuántos niños nacen. La población de estudio para este y los otros análisis cuantitativos lisar consiste fuera de el cuestionado científicos (personas objetivo) con hijos biológicos o hijos que han vivido en el mismo hogar desde su nacimiento justo vivido. Este y todo siguiente descriptivo evaluaciones convertirse ponderado en términos de disciplinas y niveles de carrera, de modo que la disciplina plan siempre lo mismo a menudo están representadas.

En el *segundo paso*, nos enfocamos en las estrategias de apoyo del científicos y sus socios. La base para esta evaluación. 17 entrevistas centradas en problemas con mujeres científicas forman el siguiente paso con niño(s) y once entrevistas centradas en problemas con sus parejas. Todo aquí mostrado casos tener Para el hora de la entrevista al menos a personal

---

2   También son concebibles casos límite de acción, que con Weber (1992 [1919]) como afectivo se puede describir la acción tradicional o tradicional. En acción tradicional dejar de reconocer una orientación hacia las propias metas de la persona; es decir, el social Obligación prevalece

Carrera con un niño en ciencias

ches niño. [3] Las entrevistas se realizaron utilizando el método estructurado por procesos. diez comparación de temas evaluado (ver. broma 2000). El Testificar el Los encuestados sobre áreas temáticas individuales y el diseño de los niños arreglos de cuidado convertirse analítico de contenido grabado (ver. mayring 2000), luego condensados en todos los casos y contrastados entre sí. En atajo con el cuantitativo distribución el diferente Se discuten los arreglos de apoyo para los científicos y sus socios. exploremos la importancia de estos arreglos para las carreras profesionales por mujeres En las representaciones con perspectiva de sección longitudinal, nos referimos centrarse principalmente en tres puntos en el tiempo o períodos de tiempo: el primero año del niño, su segundo y tercer año de vida y su cuarto a sexto año de vida. El centro de nuestras consideraciones está en emparejado por mujeres científicas con y sin éxito profesional *a la Inter-ver tiempo* . sobre eso afuera tener en cuenta nosotros también el masculino Los científicos, ya que estos sirven como punto de referencia para el contexto de alta escuela importante son.

En el *tercer* paso, utilizamos métodos multivariados para comprobar qué fluir el arreglos de cuidado para el primero niño en eso propio, si especialmente las mujeres en los diversos momentos después de la familia fundado de acuerdo con especificaciones objetivas tener carreras en ciencias O no. A raíz de las consideraciones longitudinales en las descripciones el análisis se realiza con modelos de regresión para datos de panel, investigar los efectos de los diversos factores influyentes a lo largo del tiempo chen [4]

3   De acuerdo con la definición de carrera (ver arriba), 13 de estas mujeres tienen un carrera de la empresa. Después de formar una familia, estas mujeres eran capaces de continuar con éxito su carrera (es decir, un año, tres y seis años después de la familia fundación *y* al momento de la entrevista) o tenían por lo menos seis años después de la Formar una familia o tener éxito en las ciencias en el momento de la entrevista. Cuatro más Las mujeres sin carrera se utilizan como casos de comparación; después de tener una familia, ellos establecimiento y hasta Para el hora de la entrevista continuo No Carrera profesional.

4   Para ello utilizamos modelos logísticos de efectos aleatorios. En él, el término de error en dividida en dos componentes. Un componente es un término de error constante en el tiempo entre varía entre las unidades de estudio. Muestra la desviación media de un persona a la media muestral en. El segundo componente es a término de error, el tanto entre las unidades de investigación como entre el tiempo de observación puntaje varía El es el real Error de medición (ver. Rabe-Hesketh/Skrondal 2005). Las variables influyentes constantes en el tiempo también se pueden tener en cuenta con modelos de efectos aleatorios. genes que son relevantes en nuestros análisis. Esto incluye, por ejemplo, B. la constelación de edad en el sociedad o la situación laboral de la pareja antes de formar una familia como nalización el posición de negociación o el pertenencia a uno grupo de materias.

3.3 Carreras científicas de mujeres en sociedad con niño

"Si I Por la mañana alrededor ocho aquí soy, entonces soy I uno y medio Horas largo el Solo, y cuando me vaya a las cinco, habr algunos comentarios." (Juniorprofesorina, un niño)

3.3.1 OMS tiene Niños, Cuando y Cómo ¿muchos?

La Tabla 3.1 proporciona una descripción general de algunos indicadores demográficos. Formación familiar de los científicos, a la que nos referiremos a continuación Para el Parte relatar. Para el Comparte en Padres bajo científicos en general, nuestra muestra muestra lo mismo de investigaciones anteriores Imagen familiar: las científicas tenían menos en el momento de la entrevista niños que sus contrapartes masculinas. Profesoras en particular (61%) tienen significativamente menos hijos que los profesores (85%), [5] mientras que la diferencias entre los sexos en los niveles de carrera por debajo del Cátedra menos pronunciada son.

científicos con Familia tener en el más común dos Niños (46%). Sin embargo tener científicos más a menudo como su masculino Colegas sólo un hijo. Esta diferencia es de nuevo con los profesores. particularmente sorprendente: Mientras que el 41% de las madres entre las profesoras solo una tener un hijo, esto solo aplica para el 21% de los padres entre los profesores. Para mujer es la realización del éxito familiar y profesional, especialmente estar en una posición superior en la ciencia, es decir, más difícil que para los hombres ner.

científicos son en el formar una familia en el Promedio algo más joven como su masculino Colegas

(30.7 o. 32 Años). Este La diferencia de edad corresponde aproximadamente a la de los altamente calificados en general media (29,3 o 31 años; Centro Federal de Educación para la Salud ción 2005: 7). La edad promedio de los académicos en Aka-demikerpartnerships, por otro lado, es ligeramente más alto que en general para las mujeres y hombres con títulos universitarios. Para estudiar la influencia de formar una familia en el oportunidades de carrera, sin embargo, es instructivo querida, eso no edad, pero eso tiempo de la relacionado con formar una familia en

---

5 En otros estudios, las profesoras tienen incluso menos hijos (cf. Zimmer/Krimmer/ Stallmann 2007). Esta discrepancia podría estar relacionada con la nuestra. Los profesores encuestados son relativamente jóvenes en promedio y las generaciones más jóvenes tienen hijos con más frecuencia que las mayores (cf. también Metz-Göckel/Selent/ Schuermann 2010). Uno más Explicación para el alto proporción de profesoras con niño(s) pueden estar en una mayor disposición a responder debido a una mayor interés en el Tema de proyecto.

para ver la calificación académica y la progresión de la carrera. Incluido se puede decir que la mitad de los científicos tienen su primer hijo nacido antes de la graduación y la otra mitad después de la graduación convertirse. Para una parte nada despreciable de los científicos, la Nacimiento del primer hijo incluso antes de su primer grado académico (11%). Sin embargo, existen diferencias en el momento de formar una familia. Según el nivel de carrera: Para profesores y posdoctorados (a partir de los tres años después del doctorado), formar una familia fue más frecuente en el período posterior a la PhD (60%), mientras que los estudiantes de doctorado y posdoctorados (hasta tres años después del doctorado) fue más bien antes del doctorado (82%). este submarino La diferencia se debe a la interacción de dos aspectos: primero Decenas, las carreras científicas surgen a través de procesos de selección. que los científicos menos avanzados todavía tienen que pararse. En segundo lugar, el momento anterior antes mencionado de la paternidad eje en a los científicos más jóvenes.

La transición a la paternidad no es accidental para los científicos, pero sobre todo un asunto altamente planeado. El aumento claro La mayoría de los científicos (72%) afirmó que el punto en el tiempo para la estaba previsto el nacimiento de su primer hijo. Sin embargo, la profesión está en el ción este privado Decisión no en cada caso en primero Trabajo. Profesión: las consideraciones técnicas solo jugaron un papel aquí para el 23% de los científicos. un papel importante o muy importante.

Ir más allá de la habitual diferenciación según niveles profesionales y mira a las mujeres con y sin éxito en la ciencia En el momento de la entrevista, resulta que las mujeres con éxito tienen aún menos probabilidades de tener hijos. tienen (44%) que el grupo de profesoras. De estas madres con Éxito profesional: casi la mitad tiene un solo hijo (48 %), y encontraron En la mayoría de los casos, sus familias no abandonaron a sus familias hasta después de haber obtenido su doctorado (55%). Para el La situación familiar cambia para las mujeres que no tienen éxito en ciencias significativamente diferente. Una proporción sorprendentemente más alta de ellos tiene hijos (83%), y el madres sin exito profesional tener menos común solo a niño (26%), es decir por lo general tienen dos o más hijos. Estos científicos también comenzaron sus familias más a menudo ya antes el doctorado (59%).

Las diferencias en la situación familiar entre mujeres con y sinEl éxito en la ciencia no puede explicarse por el hecho de que menos exitoso científicos en intenciones de carrera desaparecido y *por eso* tienen hijos con más frecuencia. Porque resulta que el pro- Mujeres científicas con hijo(s) promovidas significativamente más a menudo con determinación quieren permanecer en la academia que sin hijos (77 y 63% respectivamente). Aquellos *con hijo(s)* tienen muchas menos probabilidades de seguir una carrera con éxito que sin *hijo(s)* (51 y 82% respectivamente). Además, se puede observar que las científicas con éxito profesional aceleran la formación de una familia rär o aplazar por completo. Limitan el número de hijos que tienen o lo posponen comenzando su familia. Porque para las mujeres científicas con un doctorado muestra que los que anteriormente no tenían hijos pero tenían éxito entre ellos en el plural de ellos deseo de tener hijos aún no me he dado cuenta (80%), pero solo una proporción de centro comercial sí mismo no quiere hijos (20%).

3.3.2 *(No más correcto ¿Tiempo?*

Las interpretaciones subjetivas de los científicos también muestran que la carrera científica es percibida como un camino profesional que se ven impedidos por las interrupciones relacionadas con la familia o la reducción de las horas de trabajo son. Todas las científicas entrevistadas con hijo(s) informan de Preocupaciones sobre el "momento adecuado" para formar una familia. El acuñado conciencia para negativo Seguir en el Profesión y el Miedo antes uno Los "reveses profesionales" después de formar una familia llevan a muchas mujeres a ser el Responsabilidad para el Tener éxito de ellos carreras atribuir. La reivindicación de las mujeres de ser responsables de sus propias carreras acto lleva a los científicos a tratar de dar a luz para planificar a sus hijos con precisión y, a menudo, para una posterior, profesionalmente más patible tiempo posponer. A menos planificación Acto en el contexto el planificación familiar se convierte de el encuestados como "irresponsable"percibido.

El central motivación para el indulto el formar una familia es el deseo de terminar primero (al menos) el doctorado, que es el eje central más paso de carrera el científico carrera percibido se convierte (ver Sección 3.1). [6] La perspectiva de un trabajo razonablemente seguro liche Perspectiva, el en el Ciencia primero a uno comparativamente alcanzado en un momento tardío se considera un motivo adicional para la investigación científica. aconsejó esperar antes de formar una familia. Además de su propio profesional Salir adelante y la seguridad financiera también es importante para muchos Mujer importante en el período previo a formar una familia, ya que sus parejas pueden vivir *y* trabajar en el mismo lugar. es vivir juntos en el mismo no es posible en un lugar sin hacer (importantes) compromisos profesionales, hay una mayoría de ya sea un aplazamiento del deseo de tener hijos y/o una renuncia a los hijos. Queda muy claro que el argumento sobre el "momento adecuado" para el nacimiento, una alta emocional carga para los científicos (más que para sus socios) ner). Intentan, por así decirlo, cerrar la brecha entre diferentes lógicas institucionales de actuación de carrera profesional y familia al puente. Lo absurdo de esta familia de planificación racional dibujado eventos refleja sí mismo no solo en el Miedo antes profesional desventajas, pero también en el miedo por paternidad impedida contrario.

En el contexto de los hallazgos cuantitativos y cualitativos que juntos en el enorme dificultades indicar con aquellos Conocimiento- trabajadores alrededor alrededor el formar una familia enfrentado son, juez nosotros en el siguiente tres secciones el Vista en el científicos y sus socios: ¿Cuáles son las estrategias que los científicos están tratando de usar? y sus parejas los requisitos profesionales y familiares de acuerdo con la hacer justicia a formar una familia?

3.3.3 *Si no ella, entonces ¿él? estrategias de cuidado de Mujer*

"Nunca le preguntaron: 'Hombre, ¿cómo estás? ¿Y cómo lidia ella con eso? Incluso aún científico y ahora Madre. I convertirse una vez en el Semana preguntó: ¿Cómo lidia con eso? Hombre, ¿puede soportarlo en absoluto? ¿Ya tiene retiro? apariciones?" (Científico empleado, un hijo)

El Alcance, con hacia el científicos y su pareja en el están involucrados en el cuidado de los niños en el primer año de vida, deja tres diferentes estrategias de mujeres científicas para reconciliar a los niños y reconocer la carrera.

---

6   como alternativa se convierte de alguno Mujer también llamado, Niños posible temprano, es decir h antes Diploma de estudiar Llegar.

El *primer grupo* incluye mujeres científicas que no tienen un igualitarismo participación de sus socios en el cuidado de los niños en el primer año de vida esperar y no exigirlos en absoluto o sólo en una medida muy limitada. El estrategia este Mujer marcas sí mismo mucho más a través de esto, eso ella el persecucion de ellos profesional Objetivos a hacer copias de seguridad intentar, en el cual ella el cuidar a su hijo ellos mismos, y sin el apoyo de sus parejas, tomar el control. principalmente comprender ella incluido en el Apoyo de tercero

es decir, guarderías, niñeras y/o transformado, devolver. El único tomar el control el Responsabilidad primaria el El cuidado de los niños se justifica con argumentos biológicos, como ese La lactancia materna como motivo obligatorio de la presencia de la mujer, o con el condiciones económicas y valores, que son particularmente importantes para las mujeres de las cohortes mayores no puede ser cuestionada en su normatividad (podría diez). Eso es llevar sí mismo el científicos enfrente de su socios en el campo profesional como iguales, para la vida familiar la diferencia es Sin embargo, la diferencia entre mujeres y hombres es constitutiva. Incluso con conocimiento trabajadores este Grupo, el más joven cohortes pertenecer, es aplicable el principal responsable tomar el control el cuidado de niños como uno ser-firmeza Sin embargo diferenciar sí mismo el interpretaciones el Mujer elcohortes más viejas y más jóvenes: Las mujeres de las cohortes más viejas *podrían* (en retrospectiva) debido al marco social no es diferente a asumir la responsabilidad principal de cuidar a los niños hombres, y de esta manera trataban de evitar conflictos con sus parejas que no sintieron que era su deber cuidar a sus hijos en. Las mujeres de las cohortes más jóvenes, por otro lado, no *lo harían* de otra manera. Ella afirman que es su deseo explícito, los niños comunes principalmente ser a Preocuparse por. Particularmente en el primero edad de niño aceptar limitaron la participación de sus parejas en el cuidado de los niños Sabias y rechazan las ofertas de sus parejas para participar en el cuidado de los niños. participar, Para el parte de.

La estrategia de apoyo de los científicos de esta primera mano grupo está formado por, dentro del género tradicional Division de trabajo en el cuidado de niños después soluciones para buscar cual seguir su carrera profesional después de formar una familia permitir. Usando estrategias de atención sofisticadas y el apoyo terceros, estas científicas aseguran su avance profesional hombres. Sólo cuando las ideas normativas (del cuidado del niño por los propios padres, es decir, en particular las madres) aplicación en el Encontrar formas de organizar la vida familiar cotidiana y, al mismo tiempo, la propia profesional. Las ambiciones se reducen, son las carreras de las mujeres científicas Para el Parte en peligro. [7] Es llamativo, que el diversa legitimidad para el

---

7 Esto se demostró mediante una comparación con mujeres que no tenían (más) una carrera después de formar una familia. tener. Para este científicos sin profesional Éxito presentado sí mismo, eso el realista suministro principal el Niños a través de el Mujer En particular en Conocimiento- mujeres científicas se pueden encontrar en las ciencias técnicas y naturales (para orientaciones profesionales ver capítulo 4 en este Un libro).

Para los científicos del *segundo* y *tercer grupo,* la Apoyar discursivamente a la pareja juega un papel importante en el afrontamiento requisitos familiares y profesionales después de formar una familia. El La cuestión del cuidado de los niños ocupa mucho espacio con estas mujeres comunicación con el compañero. Se trata de cuidar a la familia. no permitir que se desarrolle ninguna "asimetría" en la asociación. Compartir el trabajo de tutoría es importante para estos científicos aspecto importante de la simetría deseada en la relación de pareja. Normativo la igualdad de género no solo se discute aquí en la vida laboral, bastante también en el vida familiar salió. Uno igualitario familia Division de trabajo se convierte en Relación en el profesional Desarrollo el Mujer así como en la importancia para la sociedad y la relación padre-hijo considerado importante. El punto central es que el cuidado de los niños es independiente de todo conocimiento. las trabajadoras se percibe generalmente como un obstáculo profesional y el empleo remunerado en muchos como "el menos agotador" es aplicable. El expectativa de igualdad este científicos dirige en consecuencia arriba el relación personal *de ambos* socios con los suyos niño y entre sí.

Sin embargo, un análisis preciso muestra que la estrategia se trata de participación. de sus compañeros en el cuidado de los niños su condición profesional y familiar Para asegurar lo mismo después de formar una familia, para los científicos el segundo grupo en el primer año de vida del niño solo en un grado muy limitado se eleva De hecho, las mujeres asumen más responsabilidades de cuidado que las suyas. Pareja. El apoyo de los socios para el cuidado de los niños puede describirse como más simbólico Contribución caracterizar, Cómo por ejemplo, B. el tomar el control de dos "meses del padre" o interviniendo en "emergencias". A pesar de la desigualdad distribución de permisos parentales o jornadas laborales reducidas, igual expectativas de salud en el pareja discursivo mantener. El Conocimiento- Los científicos desarrollan una variedad de estrategias de legitimación para gene Misión de ellos pareja y el discrepancia entre el formulado Expectativas y el género típico Division de trabajo en el familia zona a justificar. Además de los argumentos biológicos, como los se formulan para las mujeres del primer grupo, las mujeres argumentan este grupo además con las diferentes lógicas del campo profesional de ellos Pareja. El científico Profesión es aplicable porque su espacial temporal según cabe suponer mas flexible oportunidades de trabajo como el único, el podría compaginarse mejor con el cuidado de los niños, para que estos gabe en asociaciones en las que el socio fuera de la ciencia está ocupado el científicos cae a (ver. Hess/Rusconi 2010).

ización tradicional arreglos de cuidado en simultáneo reducción profesional ambiciones para el profesional Desarrollo de Desventaja es.

A diferencia de las mujeres del primer grupo, que no intentan involucrarlos en el cuidado de sus hijos, informan Científicos del segundo grupo de negociaciones conflictivas con sus socios. El deseo de igualdad con la pareja no es solo en el profesional Área, bastante también en el Familia dirige además, eso estas mujeres solo organizan el apoyo de terceros en una etapa tardía, a menudo después que se han dado cuenta "dolorosamente" de que sus parejas no tienen el deseado hacerse cargo de la mayor parte de las tareas de cuidado. Aunque esto significa que carreras profesionales no corren peligro directo, pero las negociaciones con estos científicos le cuestan al socio mucho tiempo y energía. Para dos- El primer grupo consta principalmente de mujeres científicas naturales y sociales, con llama la atención que muchos de sus socios están fuera de la ciencia están activos.

Finalmente poder el científicos el *tercero grupo* su Expectativas de igualdad en el trabajo *y* la familia con sus parejas en realidad implementar. O ambos se van de permiso por paternidad por igual, o los socios usar lo mismo después de una licencia parental muy corta de las científicas Responsabilidad para el cuidado de niños Es este último el Caso, es decir ir los socios mismos no están en licencia parental, reducen sus horas de trabajo para ellos cuidado de niños y/o hacer arreglos con el empleador que él permitir, eso ella arriba particular periodos para el cuidado de niños capaz de trabajar horas flexibles. Aunque (desde la perspectiva de la Empleadores) sin duda pueden hacer una diferencia que las mujeres tienden a el permiso parental y los hombres tienen más probabilidades de aprovechar los modelos de horario de trabajo flexible hombres, la distribución de las tareas de cuidado es compartida por las parejas mesa percibida. La igualdad percibida con la pareja es a través de apoya una cultura abierta de discusión, en la que el equilibrio perfecto entre empleo remunerado y responsabilidades familiares *para ambos* cónyuges así como las expectativas sociales con las que *ambos* socios se relacionan de la paternidad se abordan. Para el tercer grupo de mujeres científicas – en contraste con el segundo grupo – la Estrategia sobre involucrar a sus parejas en el cuidado de sus hijos Posición de igualdad profesional y familiar incluso después de formar una familia para hacer una copia de seguridad, encendido. Llama la atención que este grupo *solo* incluye a los científicos sociales mujeres o ciencia natural crítica, feminista y "politizada" miembros [8] Además, los socios del grupo científico también trabajan principalmente como científicos o en puestos relacionados con la ciencia profesiones

Existe un *cuarto grupo* con un *modelo tradicional inverso* no en el verdadero sentido. Aunque un científico del Sam- por favor el pareja el Cuidado de común niño ya en el primero

---

[8] Una excepción es un científico tecnológico cuya pareja proviene de una familia numerosa Familia llega y el cooperación ,en el Familia' usado es.

edad del niño principalmente responsable. El mismo persigue No intenciones de carrera y tuve que no en un Carrera renunciar.

Él convertirse claramente, eso estrategias de cuidado no de el Conocimiento-las mujeres solas, pero junto con las parejas se "hacen" el. En el siguiente paso, las expectativas y estrategias de acción de los mujeres científicas por lo tanto complementaron los de los socios.

3.3.4 *Si no él, entonces ¿ella? estrategias de cuidado de hombres*

"¿Quién va a recoger a nuestro hijo? La primera ignición es mi esposa, la segunda etapa son los grandes padres, y si nada funciona, lo hago yo." (Empleado en una empresa hombre, un niño)
Complementario a aquellos mujeres científicas el en el Niños- cuidado no "cuentan" con sus parejas y estas tareas desde el principio Subcontratar a terceros, algunos socios muestran que la baja participación de los hombres en las tareas de cuidado de los niños a través de sus propias Posiciones de la división sexual del trabajo (con). Con un claro enfoque en la propia profesión y con la consideración de cuidado de niños como "cosa de mujeres" apoyo el *en cuidado de niños pareja desinteresada,* la distribución desigual del cuidado de los padres en.

La mayoría de los socios de los científicos que entrevistamos Sin embargo, prefiere involucrarse en el cuidado de niños junto con su carrera. y para incorporar a la vida familiar. [9] Pero hay algunos de estos *Socios interesados en el cuidado de los niños* que expresan su interés en la familia Cuestiones que no son de apoyo práctico por diversas razones implementar y no participar por igual en el cuidado de los niños. Especialmente en el primer año de vida del niño, ninguno de estos hombres deja en permiso parental o jornada laboral reducida. Esto se justifica con los mismos biologismos que con las mujeres científicas, el espacio temporal según cabe suponer mas flexible oportunidades de trabajo de ellos socios o con eso, eso a tamaño advertencias de propio empleador esperado convertirse en. Algunos socios participan en el cuidado de los niños y la sus tiempos y tareas asignados. Sin embargo, todas las organizaciones satórico

preocupaciones en el Mujer, el en su Hombres como recurso para
"emergencias" Para caer de nuevo.

Otros *hombres interesados en ser mentores* sienten a través de sus posición profesional en su papel de padre y le gustaría más deberes de cuidado tomar el control. Alguno padres, el de su pareja

---

9   Este cuelga también con eso juntos, eso para el cualitativo muestra abrumadoramente pareja con
"atípico", es decir h del modelo el genero Division de trabajo diferir de- es arreglos de cuidado seleccionado convertirse (ver. Capítulo 1 en este Un libro).

las mujeres que han sido relegadas a la posición de sostén familiar se sienten a través de la tarea, en caso de duda para toda la renta familiar solo tener que pagar es una carga. Temen que no haya suficientes recursos económicos poder garantizar una seguridad mixta para toda la familia, y desearían que sus parejas les entregaran parte del cuidado de los niños y participar más en la vida laboral. Este deseo se vuelve particular. luego se intensifica cuando trabajan con contratos de duración determinada y la presión posible rápido en una empresa posición cambiar, a la carga se convierte en

Finalmente, hay *socios interesados en el cuidado de niños* que inicialmente hijo tome un permiso parental o reduzca sus horas de trabajo re. Estos consideran las tareas relacionadas con la crianza de los hijos como auto- comprensibilidad y tener ideas igualitarias de una relación de pareja hambre Para estos hombres, el cuidado de sus hijos representa un valor en sí mismo que ellos, como padres, quieren ayudar a formar. Ajusta el tuyo en consecuencia Horas Laborales después de eso fuera de y límite su profesional disponibilidadesa. Esto es posible gracias a la orientación hacia una doble renta. familiar. Los hombres entrevistados confían en que las mujeres tengan una contribuir con una parte más o menos igual de los ingresos y la La existencia de la familia está así doblemente asegurada. el igual El empleo remunerado de las mujeres se convierte en garantía de prosperidad y reduce los riesgos en su propia biografía profesional. Por lo tanto, estos hombres también tienen más dad y tiempo porque sufren desventajas de sus propios descansos profesionales menos hay que temer

Otros socios ven las fases del cuidado de los niños como un "tiempo muerto". propias actividades profesionales insatisfactorias. licencia de maternidad para los niños mayores (no el primer año de vida) también están acostumbrados a para hacer trabajo comercial, para no registrarse como desempleado o para ampliar los contratos existentes y así planificar las trayectorias profesionales. Solo en En un pequeño número de casos, el deseo de los socios de una participación equitativa compromiso con el cuidado de los niños en el primer año de vida del niño Responsabilidad primaria para esto. Uno Responsabilidad primaria el pareja para el Cuidado de niños en el sentido de un arreglo de cuidado tradicional inverso se anima especialmente a los socios si el propio socio no tiene un empleo remunerado o tiene su puesto en el lugar de residencia principal de la familia y la pareja a su lugar de trabajo conmuta

Queda muy claro que formar una familia es organizativo. y el rendimiento de sintonía emocional de las parejas en función de diferentes El camino tiene éxito y se domina. Los siguientes son los descriptivos Hallazgos de las diferentes expectativas, estrategias y arreglos de atención discutido a fondo. Se presta especial atención al marco. establecer condiciones dentro de las cuales las parejas optan por ciertos arreglos gestos decidir.

3.3.5 *galitario _ Afirmar y transmitido realidad*

La evaluación de los datos cuantitativos también confirma que bajo el preguntó siempre aún el parejas predominar, en aquellos el Cuidado elniños comunes en el primer año de vida principalmente responsables de las mujeresen mentiras La figura muestra la división del trabajo de cuidado dentro de la pareja 3.1, Cómo sí mismo el científicos con y sin exito profesional Para el momento de la entrevista sobre los diversos cuidados basados en la asociación rangos durante los períodos de a) primer año de vida, b) segundo y tercer así como c) Distribuir del cuarto al sexto año de vida del hijo. [10]

Figura 3.1: Porcentajes de arreglos de cuidado dentro de las parejas por edad año de nacimiento del primer hijo y carrera al momento de la entrevistapunto (en %, solo mujeres científicas)

Fuente: registro "Juntos Carrera hacer"; propio cálculos; ponderado Declaraciones

En general, los arreglos de cuidado basados en la asociación gestos en ambos grupos de científicos bien similar. Hastaa la edad de tres años del primer hijo, el llamado tradicional arreglo de nelle. A partir de las entrevistas cualitativas a mujeres con éxito en el Ciencia conocimiento nosotros, eso alguno este parejas "no deseado" tradicional

---

10 Este periodos convertirse elegido, allá ella a través de diferente instituciones estructurado (como a través de guarderías y su disponibilidad) y a través de legal licencia de maternidad.

seguir patrones normales. Por un lado, esto afecta a las mujeres que No realizar (totalmente) el derecho a una división igualitaria del cuidado porque los socios priorizan otros objetivos. Por otro lado, se trata también algunos socios que -a menos que sus esposas quieran más participación- Schen: su deseo de una mayor participación en el cuidado de los Niños no implementar poder. El razones para discrepancias entre deseo y realidad en el afrontamiento del niño y la carrera con eso en el Expectativas y estrategias de acción así como el Conocimiento- empleados y sus socios. El género tradicional La división del trabajo en el trabajo de cuidado no es, por tanto, el único resultado de "des- dispuestos", hombres que se enfocan únicamente en la vida laboral, pero Parte también los propios científicos.

parejas, el Responsabilidad para el Cuidado el común Niñoshacerse cargo juntos desde el principio, es decir, también en el primer año de vida del niño niño, son también bajo alto calificado y profesionalmente ambicioso Bastante atípico para parejas. Solo en la edad preescolar los arreglos de cuidado infantil son igualitarios. mentos más comunes. Esto ciertamente está relacionado con que para los niños de esta edad las guarderías públicas están significativamente mejor desarrollados que los niños menores de tres años. [11] en los jóvenes cohortes más grandes de científicas parecen ser conscientes de los contornos de incremento de este novedoso acuerdo de asociación. Estas parejas se caracterizan por un buen conocimiento de los discursos en torno a la Igualdad de género y conocer los peligros de Carreras científicas para mujeres. Desarrollan prácticas que desviarse del patrón tradicional de división del trabajo por género. decisión dend está a favor de que la pareja asuma el cuidado de los niños cumplir con su tarea como padre y así facilitarle la vida a sus parejas para seguir trabajando. Los padres se dan cuenta de esto por sí mismos en Tome la licencia parental o reduzca las horas de trabajo de manera confiable. es crucial eso este pareja sus hijos no sólo en situaciones excepcionales Preocuparse por, como cuando se posponen citas o viajes de negocios, pero regularmente en el Cuidado integrado son y para esto en ese caso profesional hisoposaceptar.

El arreglo de cuidado tradicional inverso, en el que predominantemente el hombre que asume la responsabilidad del cuidado de los niños está bajo Mujeres científicas no muy comunes. Sin embargo, hay una diferencia entre científicos con y semejante sin exito profesional en esto,

---

11 Para la división relativa del cuidado de los niños entre los socios, esto significa que los arreglos igualitarios pueden provenir del hecho de que hay mujeres es conseguir sustituir parte del cuidado de los niños por cuidados externos y para reducir el trabajo de cuidado que han hecho ellos mismos. La contribución absoluta de los hombres el trabajo de cuidado no necesariamente tiene que cambiar, simplemente cambia liche el relación a favor de uno igualitario arreglos de cuidado en el Camaradería.

que las mujeres más exitosas son algo más propensas a ser se liberan de las obligaciones tributarias y pueden ser utilizados para sus fines científicos. chen actividad la "espalda se mantiene libre".

El recomendaciones a el camaradería arreglos de cuidado el Las mujeres científicas ahora están sujetas a la situación de sus colegas hombres gen de la cara Para los hombres de ciencia con niños es acuerdo de cuidado tradicional en la sociedad en su mayor parte de ellos, y no solo en el primer año después de formar una familia educación, pero hasta la edad preescolar del niño (sin cifra: 81% en primer año de vida, 69% a partir del segundo año de vida). los científicos tienen también mucho más comunes arreglos consistentemente tradicionales en el cuidado de niños que sus pares mujeres (55 y 36% respectivamente). Así que aquí están usando socios de los científicos la preocupación primordial por el bien común mismo chaval, que para las carreras de tiene un efecto de alivio en los hombres.

El Evaluación el cualitativo entrevistas tiene mostrado, eso derecho Mujeres científicas con soluciones de arreglos de apoyo tradicionales fuera de su sociedad y dependen de ella para poder para no perder el contacto: con la ayuda de guarderías externas a través de instituciones, au pairs o parientes que manejan a niño y conciliar carreras. Estas mujeres son extremadamente flexibles; ella organizar su trabajo en torno a las horas de cuidado de los niños y el trabajo también durante ella licencia de maternidad en artículos o trabajo de cualificación.

La importancia de la tutoría de terceros en la organización de los niños El cuidado también se refleja en los análisis cuantitativos. Figura 3.2 ilustra la distribución de mujeres científicas con y sin éxito en el momento de la entrevista sobre las distintas combinaciones posibles posibilidades de cuidado externo para el primer hijo. Análoga a la En el caso de atención interna de pareja, la descripción se refiere a la misma períodos. [12]

En las asociaciones de mujeres científicas con éxito profesional el ya en el *primero edad* de niño mayoría Tercero en el Atención incluida: La mayoría de las veces acceden exclusivamente a los privados personas devolver (35%). A no irrelevante Parte el parejas podría sin embargo, ya sea por las instituciones públicas de atención o por las suyas Combinación con uso privado (juntos 41%). 15% de Las mujeres que tuvieron éxito en ciencias utilizaron las instalaciones de cuidado infantil en el primer año de vida del niño todo el día o más de siete horas a diario.

---

12 La categoría "solo centro de atención" incluye tanto instituciones públicas como también soluciones mediadas por el mercado como, por ejemplo, B. Childminders together. La categoría "sólo pri- padre personas" incluye el regular inclusión otro miembro de la familia y de Amigos, pero también niñeras o otro personas

Con creciente Viejo de niño relatar (hasta en casos excepcionales) cerca de todas estas parejas usan opciones externas para cuidar a su primer hijo a. Para *las madres con éxito profesional,* la atención de terceros es una combinación de los centros asistenciales y de los particulares reviste especial importancia ción Ya a partir del segundo y tercer año del niño utilizan el 51%, en la edad preescolar del niño, el 64% de las mujeres científicas tienen uno Combinación. En general, la proporción de mujeres científicas que su niño Tiempo completo o más por guarderías, en un 47% im Niño pequeño- al 60% im edad preescolar
Las mujeres que fracasan en ciencias se relacionan con un Instruir a terceros para que cuiden de su hijo, como mujeres con hijo(s) y exito profesional. Este semejanza mentiras En particular en el primero edad antes. diferencias espectáculo sí mismo pero lejos hacia segundo y tercero edad de los niños. A partir de entonces, las mujeres sin éxito profesional contactan con mucha más frecuencia. finalmente a los centros de atención y más raramente a la combinación solución que las madres con éxito profesional. Además, las madres se van sin Éxito profesional su primer hijo más a menudo a tiempo completo o más tiempo del cuidado

de niños instalaciones que las madres con éxito profesional (no se muestra: 22% y 15% en el primer año de vida, 59% y 47% en el segundo y tercer año Edad, 71% o. 60% en el edad preescolar). Este medio sin embargo, que estos científicos están más preocupados por el horario de apertura de la que sus compañeros, que también tienen que centrarse en los privados (puede) recurrir a los cuidadores. eso podria ser una pista ser que las mujeres científicas sin éxito profesional en sus posibilidades La capacidad de utilizar soluciones de cuidado externo de manera flexible, sobre todo, está restringida son -ya sea por falta de ofertas, financieras o recursos sociales.

En última instancia, la necesidad de la solución de combinación también es conexión con el patrones de cuidado dentro el asociaciones. Porque las científicas con hijos solo se ponen de pie en los casos más raros pareja hacia Página, el el principal cuidado de niños se hace cargo. Allá pero la prestación de cuidados en el sector público junto con la la carga del cuidado dentro de la pareja es insuficiente, los científicos tienen que hacer esto a través de soluciones privadas de la externa complementar el cuidado.

A diferencia de las mujeres científicas, en colaboración con científicos en los diferentes rangos de edad de los niños más a menudo "renuncian" al cuidado de terceros (sin cifra: 47% en el primer año de vida, 24% en el segundo y tercer año de vida, 3% en edad escolar). También es notable que entre los científicos el exclusivo el uso común de las instalaciones aumenta más que la combinación de instalaciones y privado personas hacia cuidado de niños (57% o. 39% edad preescolar) – similar a las mujeres sin éxito profesional. Todo- Sin embargo, su primer hijo lo visita con mucha menos frecuencia durante todo el día o más de lo que ben horas al día un centro de atención (no se muestra: 8% en primer año de vida, 31% en el segundo y tercer año de vida, 43% en edad escolar). Es decir, con los científicos no son ellos mismos, sino principalmente sus parejas, que cuidan de los niños llevar.

Para entender por qué los patrones tradicionales de división del trabajo también han cambiado entre mujeres y hombres altamente calificados después de formar una familia reproducirse, es importante mirar también el contexto en el que que actúan las parejas. En la introducción,

se hizo referencia al sistema de ciencia , que subraya en gran medida el modelo del hombre único sustentador. pone. Las parejas que organizan el cuidado de los niños de forma igualitaria resisten en cierta medida las expectativas predominantes. Para las mujeres, esto significa gran parte de las tareas de cuidado frente a reservas sociales ben a sus parejas (o terceros), y que los hombres se enteren de las advertencias de ellos (masculino) Colegas y superiores para anular

es decir, tomar más de los dos meses "simbólicos" de licencia de paternidad o para trabajar a tiempo parcial. A cambio, la acción de parejas que no pueden materializar sus expectativas de igualdad, como ajuste actuación en el predominante estructuras visto convertirse en. Cómo nosotros

mostrado tener, poder así como el las mujeres como las de los hombres sean quienes fuercen esta adaptación; dependiendo de que trabajo derecho de retención y entorno social ellos mueven.

Las entrevistas mostraron que los contextos de trabajo en los que El trabajo de los científicos y sus socios es crucial para Desarrollar estrategias que vayan más allá de la tradicional división del trabajo por género. salir. En las interpretaciones de los científicos se repiten nombró algunos factores clave que, independientemente de la asociación Arreglos: contribuya al éxito de su desarrollo profesional con un niño gen. Además de la posibilidad de horarios de trabajo diseñados individualmente y tiempos de asistencia flexibles, el ritmo y la duración de los desplazamientos sen entre el lugar de residencia y el lugar de trabajo, estas son también las actitudes de los empleadores, colegas mujeres y mentores contextos de trabajo, enen el que se reflejan los roles de género, en el que los compañeros con están ocupados con el mismo tema y actúan como modelos a seguir más fuerte soluciones de igualdad de cuidado.

En el análisis cualitativo también se notó que el cuidado igualitario Los acuerdos de aprendizaje se encuentran típicamente entre las mujeres científicas sociales. fueron, mientras que en las demás disciplinas, especialmente en la técnica la ciencia, son más bien atípicas. Esto también se refleja en la cantidad Datos. Un total de 36% de las mujeres científicas practicaron común un arreglo tradicional en sus asociaciones (sin fotos ción): En las ciencias técnicas y naturales, las mujeres con carné El éxito criminal es más a menudo la principal responsabilidad de su hijo que aquellos sin éxito profesional (46% y 24% respectivamente), pero los primeros lo usan un poco más de atención externa que estos últimos (82% y 71% respectivamente). en lo socialla ciencia, en cambio, la relación se invierte. Ahí la mujer- arreglos tradicionales consistentemente exitosos que sus colegas mujeres sin éxito (29% y 45% respectivamente). Una posible explicación de por qué Las mujeres tecnólogas tienen menos probabilidades de tener expectativas igualitarias de sus parejas formular, podría volver al dominio de los compañeros de trabajo masculinos ser conducido. Dado que a menudo tienen parejas que tienen su "espalda para profesional Mantenga los requisitos libres", se puede suponer que eso Tema cuidado de niños en el Lugar de trabajo en total menos presente es. Las mujeres en profesiones técnicas también tienen hijos con ellas sin sus propios

Reservado enfrente de su competencias a batalla (ver. Konekamp 2007). La sola asunción de las tareas de cuidado de niños podría en para apuntar adicional reconocimiento para esto a ganar, el a ellos en el dominado por hombres campo profesional retenido se convierte en Pero también para Hombres estos contextos de trabajo representan obstáculos para sus deseos después del permiso parental o de la jornada laboral reducida. Porque la mayoría de sus compañeros y los superiores están empleados a tiempo completo, tampoco es el caso de los hombres luz, solicitudes de soporte enfrente de su empleadores y Las colegas femeninas hacen cumplir. Para los científicos y sus socios, representa una Un alivio significativo cuando sus superiores están lidiando con Solicitudes de flexibilidad en cuanto a horario y lugar de trabajo mostrar y planificar completamente citas y eventos en la Se respetan las obligaciones de los padres. Para poder no les permitía conectarse a redes laborales y profesionales perder, desde la perspectiva de muchos científicos también es importante bien, mientras el permiso de paternidad el Contactar con su superiores sostener a y en algunos casos continúan trabajando durante la licencia parental. En el Las interpretaciones de los científicos mostraron repetidamente cómo este Motivación para ir a trabajar lo antes posible después del nacimiento del niño. se incrementa la rentabilidad.

A pesar de los hallazgos más bien aleccionadores sobre la división del trabajo por género Hay signos de cambio entre los científicos y sus socios. que los patrones tradicionales se están desmoronando lentamente. En el análisis cualitativo se mostró con respecto a las carreras profesionales de las mujeres científicas que diferentes estrategias pueden conducir al "mismo" objetivo. Entonces Algunas científicas aseguran su éxito profesional a través de la externalización el cuidado de niños en Tercero, otro arriba el paridad División de tareas con el compañero. Sin embargo, quedó claro que ciertos Las estrategias también pueden conducir a una trampa profesional. El único asumir la responsabilidad de la supervisión desafía a las científicas además una gran cantidad de trabajo organizativo de un empleo remunerado. Viceversa costo las disputas con los socios sobre las tareas de apoyo, la científicos además hacia empleo remunerado también mucho Energía. En En ambos casos, estos servicios privados de coordinación no corresponden a los ideal-típico requisitos para el realización uno científico chen carrera que tiene un alto enfoque y dedicación a requieren un trabajo (cf. Engler 2001).

3.3.6 *Oportunidades profesionales y historias de empleo*

A continuación, examinamos la influencia de las distintas alianzas arreglos de apoyo técnico para el éxito profesional de las mujeres científicas a. Miramos a todas las científicas con hijos y dibujamos el masculino científico con niños como grupo de comparación.

La Figura 3.3 muestra las proporciones de mujeres y hombres que que señala en el tiempo antes y después de formar una familia Éxito en la ciencia tenía o no. Aquí se puede ver que las mujeres hace un año son casi tan exitosos en formar una familia como los hombres (tiempo punto: -12). Entre las mujeres tiene una participación del 69%, entre los hombres el 72% uno Carrera profesional. Primero después el formar una familia resultado sí mismo claro género típico diferencias en las posibilidades de éxito.

Las mujeres científicas a menudo experimentan desventajas profesionales después de la familia. Fundación: Un año después del nacimiento del primer hijo, comienza la participación las científicas con una carrera exitosa se redujo al 61%. Él se recupera en los siguientes tiempos de observación, se estanca sin embargo, alrededor del 63%. La proporción de conocimiento exitoso seis años después de formar una familia, las mujeres no tienen la capacidad inicial nivel como lo era un año antes de formar una familia. Respectivamente la proporción de mujeres sin éxito en ciencias aumenta con el tiempo. En general, solo el 41% de las mujeres científicas tienen éxito en encontrándose consistentemente en todos los puntos observados en el tiempo de acuerdo con el objetivo ven normas uno Carrera darse cuenta. Para el Los hombres, en cambio, van el formar una familia con estable historias de carrera a lo largo de. A Año después el nacimiento del primer hijo, la proporción de científicos con éxito inicialmente al 78% y luego se mantiene relativo estable. A diferencia de Para las mujeres científicas, el 64% de los hombres tienen una carrera a lo largo. experiencias de discriminación y posteriores las madres se ven afectadas por descensos o salidas de la ciencia (cooling-out). por lo tanto en la regla más a menudo que los padres (de Stebut 2003).

En el siguiente dedicar nosotros a nosotros el Comparar dentro el grupo el científicos y lugar aquellos con y sin éxito profesional en el momento de la entrevista. La Figura 3.4 muestra para ambos grupos un gráfico de historia. Acumula las proporciones relativas de los diversos Tipos de actividad de mujeres científicas mensualmente 100% y muestra, comenzando con el duodécimo mes *antes* del nacimiento del primer hijo hasta Para el 72 Mes *despues* _ el proporciones relativas el respectivas actividades.

Figura 3.4: Estado de actividad mensual durante un año antes y seis años después formar una familia, acumulado porcentaje té) científicos con éxito profesional a enterrar punto de vista en el tiempo, (b) mujeres científicas sin éxito profesional Para el tiempo de entrevista A primero Vista en el gráficos espectáculos, eso el gradientes de Mujer con y sin Éxito en el Ciencia Para el hora de la entrevista uno cierto Mostrar viabilidad similar. Ambos son bastante "coloridos", es decir, los degradados incluyen una serie de actividades muy diferentes. empleado actividades para todas las mujeres científicas con niños. Otro similar- capacidad se demuestra por el hecho de que los cursos de mujeres con y sin carrera apenas se diferencian entre sí por el tiempo *antes de formar una familia:* Aprox. El 61% de las científicas trabajan a tiempo completo, aprox. 20% a tiempo parcial empleo, y alrededor del 10% tiene una beca. Esas acciones se quedan estable hasta formar una familia.

En el primer año después del nacimiento del primer hijo, un un gran grupo de mujeres principalmente en licencia parental y la proporción de mujeres empleadas está disminuyendo. Pero especialmente en este momento entonces hay diferencias en las trayectorias profesionales de las mujeres científicas determinado. Casi la mitad de las científicas que luego tienen éxito generalmente toman la licencia parental en el período observado Derecho (47%). Sus primeros períodos de crianza duran en promedio 13 meses después. Su uso de la licencia parental se moldea con el tiempo como sigue: El más alto Parte en exitoso científicos El 39% toma el permiso parental en el cuarto mes después del nacimiento, exactamente un año después el nacimiento son él 21%. Este Compartir continúa primero devolver, pero luego vuelve a subir al 14% en el tercer año después de formar una familia en. Las científicas con otros niños más pequeños van cada vez más aquí. (otra vez) de baja por maternidad. Eso es seis años después de formar una familia. solo aún 4% de mujeres con éxito en el ciencia en licencia de maternidad

Las historias laborales de mujeres científicas que en el momento de la entrevista punto *ninguno* exito profesional registro poder, ver sin embargo algo diferente fuera de. Entonces llevar ella generalmente algo más a menudo periodos de crianza en Derecho (54%). Sus primeros periodos de crianza también duran con un promedio liche 18 meses claramente más extenso como el de ellos colegas mujeres con exito profesional.

La proporción más alta de estas científicas en licencia parental es del 49% encontrado tan pronto como el primer mes después del nacimiento, un año después del nacimiento sigue siendo el 27%. Esta proporción sigue hasta el tercer año. vacilantemente al 14% antes de formar una familia y se está estabilizando este nivel hasta sexto año de vida del niño.

Los científicos sin éxito profesional van tras la familia en consecuencia, menos empleados. Un año después de la familia El 60% de ellos acceden a un empleo remunerado. En el tercero y sexto Año después el formar una familia son eso es 70% este Conocimiento- las empleadas están empleadas, pero la proporción ha vuelto a caer mientras tanto debido al nacimiento de más hijos. Al final del tiempo considerado espacio para llegar a las mujeres que no tienen éxito en ciencias durante la entrevista no tenía el nivel de referencia de empleo del año anterior el formar una familia. sobre eso afuera se mueve sí mismo en a ellos en el Curso

el tiempo *después de* formar una familia, la proporción de tiempo parcial a tiempo completo actividades a favor de los trabajos a tiempo parcial.

Las mujeres que tienen éxito en la ciencia, por otro lado, tienden a figurar en un empleo remunerado después de formar una familia o regresar a casa después volver al mercado laboral más rápido que sus colegas sin contrato a largo plazo hacia el éxito profesional. Un año después de formar una familia, el 65% de ellos son más tarde científicas exitosas empleadas, también en puestos de tiempo completo, y esta proporción aumenta constantemente hasta el 85% en el sexto año. Con eso es el nivel inicial de un año antes de formar una familia fácilmente superado. Similar a sus colegas sin éxito profesional. la proporción de trabajos de tiempo parcial a tiempo completo está cambiando para ellos ligeramente a favor de los trabajos a tiempo parcial seis años después de formar una familiadiez.

En resumen, se puede afirmar que la proporción de trabajadores a tiempo completo madres trabajadoras *sin* éxito en ciencias en ningún momento despuésfundar una familia ha alcanzado un nivel comparable al de la educación científicos *con* éxito en el momento de la entrevista. También se nota que no sólo los períodos de crianza juegan un papel más importante para ellos, sino que temporalmente más afectados por el desempleo después de formar una familia y se financian con mayor frecuencia mediante subvenciones que las mujeres científicas con *exito* _ En comparación con las trayectorias profesionales de los científicos con niños son los cursos de científicos con niños en caracterizado principalmente por el empleo a tiempo completo (en promedio 80%); el Comenzar una familia como un evento de ninguna manera representa un cambio o Robos reconocibles (no se muestra).

3.3.7 *C son arreglos influencia carreras de ciencias*

Los resultados hasta ahora se centran en las influencias separadas de los individuos factores En esta sección, estas variables influyentes se presentan en regresión los modelos se unen para tener en cuenta todos los factores apreciar la influencia de las soluciones de cuidado en la posibilidad de tener éxito entre las mujeres en la ciencia. queremos sobre el comparaciones anteriores, en las que el éxito profesional en ese momento punto de la entrevista fue el criterio decisivo. en los modelos ahora se puede comprobar si las mujeres en los *distintos* momentos después de la formar una familia después objetivo Requisitos Éxito en el Ciencia tenía o no. Todos los científicos fueron incluidos en los cálculos. niños incluidos. En la Tabla 3.2, los estimadores se dan como razones de probabilidades y sus intervalos de confianza [13] listado.

---

13 impares proporciones dar el relación de probabilidades para el Ingresar uno maternidad entre uno Referencia- y uno grupo de comparación en. A impares relación de 1 medio, eso él nonecHay diferencia de probabilidad entre los dos grupos. El grupo de comparación tiene una mayor probabilidad que el grupo de referencia con un cociente de posibilidades de > 1 y un bajo re oportunidad con una razón de probabilidades de <1. El intervalo de confianza muestra si la estimación la razón de probabilidades se encuentra dentro del rango dado con una probabilidad de 0.95. El La estimación es incierta si el valor 1 está dentro del intervalo de confianza y cuanto mayor sea mejor el intervalo de confianza es.

El modelo 1 contiene todos los factores teóricamente relevantes, el modelo 2 los contiene efectos de interacción adicionales del arreglo de cuidado con el tiempo ejecutar Para el análisis de la organización del cuidado de los niños, dos restricciones en el Comparación a el descripciones en el precedido Sección reunió convertirse en. En primer lugar, para el apoyo externo sólo miraba si se usaba o no, y por otro lado diez el igualitario y lo contrario tradicional arreglos de pareja en el cuidado de niños debido a la baja números de casos combinados convertirse en.

En el primero Modelo espectáculos sí mismo, eso para científicos después el formar una familia hay menos posibilidades de tener éxito profesional, si ellos son los de su sociedad que son los principales asumir la responsabilidad del cuidado de los niños (acuerdo tradicional). El usar de externo opciones de cuidado Sucesivamente mejorado el panorama de las madres sobre el éxito profesional en de Ciencia significativo.

Una mirada detallada al impacto de las soluciones de cuidado para el diferentes puntos en el tiempo después de formar una familia en el modelo 2 examina la relación de entrelazamiento entre el arreglo de pares y el tiempos de observación y espectáculos, eso ambos efectos sí mismo claramente fortalecer y en estadístico significado ganar peso. Porque el los términos de interacción adicionales son dados por el estimador para el acuerdo de cuidado ment en el modelo 2 solo indica su influencia en el primer año de vida del niño. Por lo tanto es el oportunidad en exito profesional con mujeres científicas con un arreglo tradicional ya en el primer año de vida del niño significativamente menos que sus colegas con arreglos no tradicionales mento El efecto general del arreglo de cuidado tradicional en Modell 2 se calcula adicionalmente a partir de los efectos de los términos de interacción, es decir en general, las mujeres científicas tienen pocas posibilidades de tener éxito profesional después de formar una familia si hacen lo principal liche jurisdicción para el Cuidado

suyo niño tomar el control. Usar científicos –
independiente desde el par interno acuerdo de cuidado
ment - el apoyo de terceros en el cuidado de sus hijos,
por lo que es también el oportunidad en exito
profesional mayor que. En Modelo 2 se convierte aparte
de eso Se puede observar que las posibilidades de éxito
profesional aumentan en el sexto año de la En
comparación con el primer año después de formar una
familia, especialmente en el mejorar significativamente,
cuyos arreglos de cuidado dentro de la pareja ment no
sigue el modelo tradicional. Esto muestra muy
impresionante lleno, Cómo importante el camaradería
acuerdo de cuidado después el Formar una familia para
las futuras perspectivas de carrera de los científicos. en
realidad corre es.

Pocos sorprendido es el Resultado, eso sí mismo el
oportunidades en Éxito en ciencia para las madres
mejor diseño si ya lo son antes éxito en formar una
familia. Para la hipótesis del curso de vida perspectiva,
eso el Oportunidades profesionales más alto son, si el
cruce a la paternidad más tarde en el Historia de
Carreras él sigue, hojas sí mismo uno cuidadoso Mostrar
confirmación: Mujeres científicas que solo tuvieron su
primer hijo después de la promoción obtener, tener
una mejor oportunidad de éxito profesional después de
formar una familia (modelo 2). Sin embargo, este
resultado sólo se basa en 10% nivel significativo.

Para el hipótesis de modelo de negociación de
recursos encontrar nosotrosno hay hallazgos tan claros
y confiables. La negociación relativa la posición se
puede determinar a través del estado laboral de la
pareja antes de formar una familia captura. Los efectos
de este factor de influencia no son significativos. borde,
pero apuntan en cierta dirección. mujeres científicas,
cuyas pareja antes el formar una familia uno Trabajo de
medio tiempo perseguido o financiados por una beca
tendían a tener mejores calificaciones ver el éxito

profesional que sus contrapartes de tiempo completo socios. La categoría "sin empleo remunerado" incluye una serie de diferentes actividades conjuntas, incluida la formación y las prácticas ka. Estas son actividades que en realidad significan un compromiso de tiempo completo y por lo tanto tienden a tener un impacto negativo en las perspectivas de carrera de los científicos mujeres científicas en relación con formar una familia a.

lo mismo modelos para el padres bajo el científicos espectáculo (sin mesa) que ni el arreglo de cuidados dentro de la pareja ni el El uso de opciones de atención externa tiene un efecto significativo en oportunidad de carrera de padres tiene. El factores de influencia, el en el conocimiento son relevantes para los empleados, el éxito profesional antes de formar una familia la educación y la cohorte de graduados responsable de medir el mercado laboral la situación se mantiene.

3.4 Niños: ¿ruptura profesional o patada profesional?

El Preguntar después el Significado el formar una familia para el exito profesional en la academia, la literatura a menudo se ha pasado por alto con miras a la privacidad Situación recogida y discutida por mujeres científicas (cf. Lind 2008; Metz-Göckel/Selent/Schuermann 2010; de Stebut 2003). este submarino Las investigaciones se limitaron en gran medida a relatos descriptivos de los circunstancias privadas, como la constelación de socios con respecto a las calificaciones y área de trabajo, así como en parte la organización del cuidado de los niños. Además, las investigaciones fueron en su mayoría ya sea solo cuantitativas o solo examinado con métodos cualitativos y no en su conexión función El objetivo de nuestra contribución era retomar este desiderátum y él a investigar, cual estrategias de cuidado científicos con niños) con su socios en el persecucion de ellos carreras desarrollar y qué impacto tienen las soluciones de cuidado infantil en la carrera oportunidades para mujeres científicas.

En el vista general nuestro recomendaciones presentado sí mismo, eso el familia verde estiércol para científicos en el Comparación a su masculino Colegas a desventaja profesional representa. Mientras Mujer en el Ciencia antes el formar una familia Tal como frecuentemente Éxito tener Cómo Hombres, acepta el Parte de científicos con Éxito después el nacimiento de primero niño de lejos. mujeres científicas el su Carrera después el formar una familia con Éxito continuar, tener en el Regla menos común y menos Niños, también recibir ella su primero niño más tarde como científicos sin Carrera profesional- éxito. Con eso se convierte el formulado desde una perspectiva de curso de vida acercarse a mí, eso uno consolidación el Carrera antes el nacimiento de primero niño el oportunidades para profesional Éxito elevado, confirmado. Este en el Comportarse de Mujer (o. parejas) puntería estrategia uno tarde nacimiento podría el planificación el formar una familia a uno fuerte racional Asunto. Nosotros podría espectáculo, eso este Preguntar de "bien punto en el tiempo" para el nacimiento de primero niño para muchos el mujeres científicas el así como su profesión-querer seguir una carrera y tener hijos se convierte en una carga. mujeres científicas el sí mismo para Niños decidir, buscar con su socios diferente estrategias, alrededor su empleo también después el formar una familia continuar. El mayoría interrumpir a las mujeres en- suelo de deberes de cuidado al menos para corto Tiempo su propio profesional tarea. Incluido presentado sí mismo, eso el Período de tiempo el interrupción a través de Padres- tiempo el exito profesional el Mujer después el formar una familia co-determinado y científicos con corto licencia de maternidad en el más carrera correr frecuentemente más exitoso son como su colegas mujeres con más extenso licencia de maternidad. Simultáneamente convertirse claramente, eso él útil para científicos es, si a ellos permite se convierte, también mientras el licencia de maternidad Conexión en su profesional para mantener el medio ambiente.

Como el arreglo de cuidado de niños dominante después de formar una familia ción también se encontró entre mujeres científicas en pareja (académica) crear la tradicional división del trabajo por género. Una especialidad ción en el sentido de consideraciones económicas familiares no se aplica a la científicos y su pareja a, el después el formar una familia y también durante breves interrupciones de la carrera debido a la licencia parental apegarse a su trabajo con firmeza. Una excepción es un caso con viceversa arreglo de cuidado tradicional. Aquí es donde se lleva a cabo la especialización. el socio, que no tenía intenciones profesionales él mismo, para cuidar de la niño y las tareas del hogar, mientras que su esposa carrera científica seguida.

Una mirada a los procesos de negociación de las

parejas mostró que el tradicional El arreglo funcional no siempre es el resultado de decisiones conscientes y no siempre "buscado" es. Así como en paginas el científicos como

también por parte de sus socios existen obstáculos que conducen a desigualdades la división de tareas en la sociedad. Estas son, por una negociaciones fallidas entre los científicos y sus socios sobre sus respectivos deseos con respecto a la división del trabajo en los niños cuidado y por otro lado teme que estos hacer cumplir sin experimentar sanciones. Este último miedo se convirtió en especialmente formulado para las parejas de las mujeres científicas que, si irse de baja por paternidad o reducir la jornada laboral para el cuidado de los hijos – según cabe suponer más grande Desventajas tener como científicos. Fuera de ver-Desde un punto de vista de la teoría de la acción, esto resulta en desventajas para el conocimiento. trabajadoras, lo que significa que en su mayoría se ocupan de los niños tomar el control. De esto se puede concluir que no sólo el recurso La relación entre los socios en el proceso de negociación es crucial. Agregado vienen creencias normativas profundamente arraigadas, diferenciadas por género, como expectativas de uno mismo (como madre/padre) y de la(s) pareja(s) ner (como padre/madre). En procesos de pareja interna El hacer científico *de género* pone en práctica estas expectativas y también plomo en el caso de las mujeres científicas, que citan un reclamo igualitario formular a sus socios, después de formar una familia a un tradicional arreglo de cuidado. atribuciones, eso deberes de cuidado simple reconciliarse con la actividad en la ciencia que con la actividad habilidades en otros campos profesionales, en la medida en que sean solo para el trabajo utilizado por mujeres científicas - un género diferenciado agraciado Division de trabajo (Hess/Rusconi/Solga 2011a). En asociaciones, en donde ambos socios se ocupan igualmente de las tareas, que estas atribuciones deconstruyen como atribuciones de género ed y la práctica cotidiana de la acción una y otra vez a la deseada igualdad marcado hacia.

En principio, las propias mujeres científicas responsabilidades, ya sea que lo hagan en arreglos tradicionales o en dividido en partes iguales con su pareja.

científicos con un acuerdo de cuidado tradicional tienen significativamente menor Oportunidades de carrera que aquellos que se hacen cargo de sus responsabilidades socios al menos comparten por igual. Para esos científicos que, a pesar de los arreglos tradicionales, siguen sus carreras después de formar una familia puede continuar, subcontratación *flexible del cuidado de niños* un papel central. Las científicas logran esta flexibilidad proporcionando centros de atención *y* particulares para la atención combinar a su hijo. Subcontratación de cuidado de niños y La combinación de distintas terceras personas o entidades es total toda una solución de cuidado de requisitos previos. Se requiere que oportunidades correspondientes para el apoyo externo en el sitio en suficiente el Disponibilidad consistir. También es decisivo, si el usar estas opciones de apoyo por parte de los científicos pueden ser financiadas. Especialmente durante la fase de doctorado, los científicos han a bajo ingreso y son por lo tanto en el financiación externo opciones de atención limitadas. La posibilidad de un libre apoyo de una red personal como los miembros de la familia ge o amigos pueden ser útiles y, en consecuencia, costos más altos para el cuidado del niño por niñeras, niñeras o cuidadores direcciones, pero no todos los científicos pueden hacerlo acceder a una red privada de este tipo.

La suposición confiable e independiente del cuidado de los niños. ung por la pareja por lo tanto representa un alivio para las mujeres que El cuidado de niños por terceros es difícil de reemplazar. para asegurar esto las parejas de las científicas no sólo tienen que orientación ideal de sus socios, pero sobre todo apoyada en la práctica Zen. Las evaluaciones cualitativas también mostraron que el profesional y la satisfacción con la pareja es particularmente alta entre las parejas que sí mismo el cuidado de niños comunes compartir por igual.

Nuestro Resultados tirar Preguntas para más Investigación en. para Existe una necesidad de investigación, por ejemplo, cuando se examinan las condiciones de carrera mentos que emanan de los viejos y nuevos estados federales. Porque en La literatura mostró una diferencia asombrosa en la proporción de profesores correr, el Niños tener. Aquí permiso sí mismo numeroso Preguntas conectar: Posiblemente las mujeres en las universidades de los nuevos estados federales mejores oportunidades profesionales que en los antiguos estados federales? forma de alemania oriental científicos cal la división del trabajo de cuidado más igualitario que alemán occidental? Cual role jugar aquí arreglos de pareja y externo Cuidado para el Oportunidades profesionales de científicos en el Comparacióna ellos en los antiguos estados federales?

Además, se trataría de la compatibilidad de familiares. y la ciencia interesante no sólo para mirar a aquellas mujeres que han permanecido con éxito en la ciencia, sino también la "salida coágulo". De esta manera, se podrían eliminar las barreras para las mujeres frente a su situación privada. relacionados, determinar aún más claramente. el problema es todo Sin embargo, en la identificación y accesibilidad de los desertores, debido a que ir en el Proceso de calificación perdido.

A más Punto, en hacia el Investigación a historias de carrera de mujeres en la ciencia, el momento de la familia establecimiento. Valdría la pena investigar más de cerca si formar una familia antes del primer grado académico es positivo afecta significativamente el éxito profesional de las mujeres. Esto habla en contra de la Suponiendo desde una perspectiva de curso de vida, sin embargo, uno puede ser tan pronto El momento de formar una familia ciertamente puede estar asociado con ventajas. El niño es entonces, si el Requisitos el fase de calificación particularmente son altos, como ocurre con el doctorado y la habilitación, en un ámbito menos supervisado edad intensiva. En las condiciones actuales de casi sin tomar temporario ocupación en el sistema de ciencia soportes este consideración sin embargo el (profesional) incertidumbres de planificación de Niños científicos y sus socios.

4. "Bajo presión ...!?" - Biográfico Orientaciones de las mujeres científicas en Profesión, camaradería y Familia

Porque es sumamente atrevido para un joven erudito que no tiene fortuna. tiene que exponerse a las condiciones de una carrera académica. Él debe ser capaz de soportar al menos un número de años sin saber de ninguna manera si después tiene la oportunidad de pasar a una posición suficiente para la subsistencia" (Weber 1992 [1919]: 72).

Incluso si el joven erudito mencionado anteriormente - gracias a la apertura de la escuelas para mujeres – mientras tanto, cada vez más a menudo también *las* jóvenes becarias La descripción de Weber de ser un científico casi lo tiene. cien años después sigue vigente: tras una fase de socialización ción el universidades y de Profesional de científico en el centro de
siglo XX (cf. Mittelstraß 2006) la situación de muchos

científicos lers y científicos en el presente a través de carreras precarias y marcadas condiciones de vida. Esta precariedad complicada por una altura incertidumbre en el Ocupación, anhelo fases de calificación y variar patrón de degradado muchas veces el Carrera profesional- y planificación de la vida el las personas afectadas y sus parejas. La organización Universidad funciones incluido después Cómo antes como "aparato de lectura" (ver. Weber 1992 [1919]). En comparación con los muchos doctorados y habilitaciones ción, sólo hay unos pocos puestos permanentes en el sistema académico (cf. Engler 2003). La carrera científica queda así abierta a toda la ciencia. estafador y científicos uno arriesgado y privado Empresa en camino a una cátedra (cf. Kahlert 2010). Pero cómo- Además, las carreras científicas representan un marco biográfico especial. riesgo cal, y cuál es la importancia del trabajo, la asociación y Familia ¿uno?

El objetivo de este artículo es brindar orientación profesional a las mujeres en el La ciencia en la interacción de los eventos familiares e institucionales sen y examinar su importancia para la progresión profesional con más detalle determinar.

Para este propósito, entrevistas cualitativas centradas en problemas con académicos aprender y entrevistas con su compañeros de vida Ciencias Sociales- hermenéutico evaluado. Él convertirse el historias de carrera de Conocimiento- reconstruidos a partir de sus (auto)descripciones y con la perspectiva de la pareja sobre las actividades profesionales de las mujeres agregado. Las descripciones de casos presentes muestran cómo el conocimiento schaftler en importantes decisiones profesionales o familiares orientarse y en qué medida su trayectoria profesional y vital a través de pulmones con hacia pareja o a través de institucional predeterminado profesional las oportunidades se ven afectadas. La institución de educación superior con sus funciones específicas estructura organizativa correspondiente representa un importante conocimiento del texto para la interpretación de los autoinformes de los científicos a representar. En adelante se convierte Por esta razón el sistema científico con su institucional y simbólico Orden en el base de para nivel descrito. En el centro de contribución pararse seleccionado Descripciones de casos y una discusión comparativa de los eje y institucional ocasiones diferente profesional orientaciones el Mujer en el Ciencia. El empírico análisis muestra cómo las mujeres y sus parejas anticipan y cómo los integran en sus planes de carrera y de vida conjuntos incluir.

4.1   "Bajo presión ...!?" - Mujeres en la ciencia

El pequeño número de profesoras en las universidades indica que que el sistema científico no es un lugar neutral en cuanto al género y las organizaciones nización de la selección de (jóvenes) científicos no son independientes del género (cf. por ejemplo, Acker 1990; Hess/ Rusconi/Solga 2011a; Krais 2000; Zimmer/Krimmer/Stallmann 2007). ciencia Las mujeres científicas están más sujetas a la selección que sus colegas hombres procesos de ción en el camino hacia cátedra y tener claramente menor Oportunidades para que los hombres permanezcan permanentemente en la ciencia (cf. Metz Goeckel/Selent/Schuermann 2010; Solga/Estaca 2009).

Cuando estén empleados en universidades o institutos de investigación. son científicos con una amplia gama de trabajo y Retos para el avance, como lo son en la investigación y la docencia así como la cultura profesional. Debido a las organizaciones de género (cf. Acker 1990), las universidades de Frau- Hombres y mujeres califican los logros profesionales de manera diferente tet (cf. Beaufaÿs 2003, 2004; Krais 2000). La desigualdad resultante Che profesional posicionamiento de Mujer y hombres en el Ciencia

"Bajo presión ...!?" Biográfico orientaciones de científicos 119

ya ha sido objeto de numerosas investigaciones (ver, entre otros, Hess/Rusconi/ Solga 2011a; Matthies 2006; Solga/Pahl 2009; Zimmer/Krimmer/Stallmann 2007). Las orientaciones profesionales y familiares de los científicos. y las científicas en camino a una cátedra, sin embargo, difícilmente son investigado Entonces es en gran parte desconocido, Cómo científicos el en el Carrera y curso de vida dirigidos a ellos, algunos de los cuales son contradictorios. Trabajar y procesar los requisitos de trabajo y asociación biográficamente y cual Significado su orientación profesional para procesos de selección en el tiene trayectoria profesional.

Cómo los jóvenes científicos aprovechan sus oportunidades profesionales cen en universidades e instituciones de investigación no universitarias estimación, muestra un estudio estandarizado en el que, teniendo en cuenta objetivos de más alto nivel en la vida, la orientación profesional de la ciencia se elaboró descendencia científica (cf. Jaksztat/Schinder/ Bridis 2010). Aunque el trabajo científico de muchos encuestados se describe como atractivo, existe en particular el deseo de un profesional Seguridad con la falta de planificabilidad de las carreras científicas, la poca seguridad laboral y oportunidades inciertas de ascenso dentro del sistema científico (Jaksztat/Schinder/ briedis 2010: 27 y sig.). El más extenso tiempo de permanencia en el sistema de ciencia promueve la actitud pesimista de todos los científicos mesas evaluación el propio perspectiva de carrera, es decir Doctor evaluar sus perspectivas significativamente más negativamente que

estudiantes de doctorado (Jaksztat/ Schinder/Briedis 2010: 30).

Para la pregunta de interés aquí sobre los procesos de (auto)selección en la ciencia es significativo que los científicos y los científicos en particular empleadas con una marcada orientación al progreso su profesional no ven las posibilidades dentro de la ciencia muy positivamente y la mitad considera dejar la ciencia (Jaksztat/Schinder/Briedis 2010: 25f.). Con respecto a la propia situación profesional, profesional y Los objetivos en la vida divergen particularmente cuando se trata de compatibilidad. de familia planificación de la vida y profesional Requisitos va. El La diferenciación por género también muestra que los hombres eligen su carrera oportunidades dentro y sobre todo fuera del sistema científico ver que las mujeres (Jaksztat/Schinder/Briedis 2010: 29).

Porque el precario Condiciones del empleo convertirse Conocimiento- estafador y científicos también sin el Seguridad, eso su esfuerzo conduce a una posición permanente en la estructura de la universidad alentados a verse a sí mismos como "autoempresarios científicos" y constantemente jugando con sus carreras (Enders 2003: 256). Al mismo tiempo trabajo científico va acompañado de un ethos que establece que el Ciencia hacia "Vocación", es decir a uno forma de vida se convierte en "Naturalmente, I vivir solo para pensar ,Profesión'" tal vez – máx. tejedor (1992 [1919]: 80) de acuerdo con la respuesta esperada de un joven erudito. El término La cita implica que la vida cotidiana de un científico o un científico científico "se limpia de todo lo que no está relacionado con la ciencia y contiene todo lo que es útil para su funcionamiento" (Beaufaÿs 2004: párr. 5). A diferencia de los días de Max Weber, ha habido instituciones de educación superior en las décadas de 1960 y 1970 cada vez más femeninas che académicos que siguen una carrera científica después de graduarse de la universidad comenzar. Pero poder derecho mujeres científicas allá ella principalmente con socios igualmente altamente calificados y empleados a tiempo completo son los hombres (cf. Hess/Rusconi/Solga 2011a; Rusconi/Solga 2008), su vida cotidiana rara vez los mantienen libres de todo lo extra profesional que los hombres colegas posibles es (cf. Capítulo 3 en esto Un libro).

Si en el análisis de historias de carrera en el Ciencia entonces también las condiciones de vida privada de los científicos y científicos los alumnos, es decir, sus asociaciones y familias, están incluidos la discusión sobre vocaciones y precariedad, especialmente para las mujeres adicional explosividad. Entonces Género tiene además uno estructurando Efecto en la vida de mujeres y hombres. Ataca a los dos en el avión. sociales y expectativas sociales, así como a nivel institucional Las matrículas y las organizaciones regulan la vida de las personas (cf. Kruger 2002). A todos los eventos específicos del curso de la vida, como la entrada en la vida laboral o el nacimiento de los hijos, un conjunto de vínculos Comportamientos estandarizados por género. Estos toman flujo a acciones biográficas individuales, así como interactivo actúa en parejas y se reproducen parcialmente aquí. asi se explica por ejemplo, que incluso grupos de personas con fuertes ambiciones profesionales ción -como parejas altamente calificadas que comienzan como iguales profesionales- en el En el curso de formar una familia, una re-tradicionalización de su división del trabajo sujeto en la relación de pareja y en uno, a saber, el car- riere (cf. capítulo 2 de este libro;

Bathmann/Müller/Cornelißen 2011; Wimbauer et al. Alabama. 2008).

¿Hasta qué punto los científicos y sus compañeros de vida su profesional Organizar carreras juntas o por separado depende de muchos qué factores (cf. Behnke/Meuser 2003). En parejas heterosexuales son en su mayoría mujeres, incluso si están (plenamente) empleadas, para el cuidado de niños y la llamada "gestión de compatibilidad" responsable (ver Capítulo 3 de este libro; Behnke/Meuser 2005; Hess/Rusco- no 2010). Se han realizado análisis con respecto al supuesto de cuidado de los niños pero demostrado que los socios que se responsabilizan del cuidado del bien común los mismos niños toman el relevo, las científicas se enfocan en los suyos profesional permitir el desarrollo (cf. Capítulo 3 en este Un libro).
Si las parejas altamente calificadas y en qué medida

requisitos, con aquellos particularmente Mujer en el curso de vida confrontado *bajo presión ...!?" Biográfico orientaciones de científicos* 121

anticiparlos e incorporarlos en la planificación conjunta de carrera y vida relacionado, ha sido poco investigado hasta ahora. Teniendo en cuenta lo anterior La observación mencionada de una "socialización" de la ciencia está en Con respecto a los resultados de investigaciones anteriores a tener en cuenta que en científico y científicos dirigido Expectativas de "auto-emprendimiento" frecuentemente en relaciones de pareja diseñado convertirse en. Esto plantea la cuestión de la tensión entre organización y se negocia la sociedad. Podría ser, por ejemplo, B. ser que socios y socios mujeres ante la pérdida de autonomía en las actividades profesionales de los científicos una parte cada vez mayor de la motivar a los involucrados. ¿Qué formas de división del trabajo qué parejas se incorporan es aún una incógnita. Sería posible que Los socios asumen cada vez más tareas que solían ser más emparejamientos "funcionales" (por ejemplo, por patrocinadores en ciencia). convertirse. Las relaciones de pareja, por lo tanto, no sólo serían vistas como relaciones íntimas relaciones a entender, bastante también como científico (profesional)asociaciones en el Sentidos de mutual contenido y más estratégicoConsejo. 1

"

4.2 *Orientaciones profesionales de las mujeres científicas(descripciones de casos)*

En las descripciones de casos, complementadas con la perspectiva de sus socio, que presentan las historias profesionales y personales de cuatro científicas se les preguntó quiénes tenían una carrera académica al momento de la entrevista. [2] Se elabora qué datos biográficos, de asociación y institucional factores en el profesional orientaciones de exitoso mujeres que trabajan en la ciencia.

4.2.1 *metódico Proceder*

El base para el Investigación lugar el en el Marco de proyecto
"Haciendo carrera juntos" entrevistas cualitativas con conocimientos trabajadores y sus socios hubo totales 33 Ciencia-

---

[1] La validez de esta suposición sería una explicación adicional para la carrera relativa ventaja de mujeres científicas cuyo pareja también como científico empleado son(ver. Hess/Rusconi/Solga 2011a).
El término carrera científica indica que las mujeres se encuentran en una edad -y cualificación- catión adecuada ocupación condición. A el en el Proyecto "Juntos Carrera hacer" desarrollado estandarizado definición de carrera ver. Capítulo 1 en este Un libro. estudiantes que se encontraban en diferentes etapas de la carrera en las cualitativas entrevistas y doce de sus socios. Los entrevistados de cualitativo subestudio convertirse fuera de el Participantes y Participantesel encuesta estandarizada seleccionado (consulte Capítulo

1 en este Un libro).

La muestra cualitativa está compuesta por científicos de los tres dis- tirolesa (ciencias sociales, técnicas y naturales), etapas profesionales y pareja Constelaciones de carrera juntas, que debido a la estandarización se conocieron durante la encuesta y se utilizaron para la selección de casos. esta combinación el tamaño no corresponde a la representatividad estadística, sino que sigue la consideraciones metodológicas del "muestreo teórico" del Grounded teoría (cf. Glaser/Strauss 1967). Esto hace posible, entre otras cosas, según la evaluación socio-científico-hermenéutica con trascendencia para trabajar con variaciones de casos (cf. Reichertz/Schröer 1994), p. ej. B. con respecto a Edad, número de hijos y participación de las parejas en el cuidado de los niños húngaro

Los científicos fueron entrenados en procesos estructurados y centrados en problemas. entrevistas detalladas sobre episodios individuales de su vida profesional y de pareja biografía cuestionado (ver. broma 2000). Incluido convertirse Preguntar flexible manejado a la voluntad de una narración biográfica comprensiva aumentar (cf. Hopf 1978; Schütze 1984). Las entrevistas se realizaron en el Por lo general, en el lugar de trabajo de los encuestados o en uno elegido por ellos Ubicación en lugar de y duro como dos Horas.

El transcrito entrevistas convertirse primero analítico de contenido y evaluada de forma comparativa (cf. Mayring 2003) con el fin de cantidades en un primer paso. En el curso del análisis de contenido. La comparación de temas se convirtió tanto en teoría como en texto. Las transcripciones de las entrevistas fueron codificadas. Esto permitió la agrupar las autodeclaraciones de los entrevistados por temas y claves relevantes categorías para una visión cruzada del conocimiento subjetivo de científicos sobre sus carreras profesionales identificar. extrovertido de ejemplar casos convertirse entonces enterrar pasajes de vista seleccionados para una evaluación de análisis de secuencia e inter- (cf. Hitzler/Honer 1997; Oevermann et al. 1979). lo generado Los hallazgos relacionados con el caso se presentan aquí.

Para enfatizar específicamente la importancia de las orientaciones biográficas de los Para mostrar a las mujeres en el campo de la tensión entre la universidad y la asociación, ciertas características se mantuvieron relativamente estables para el presente análisis diez: En el momento de la entrevista, los cuatro científicos presentados aquí punkt de unos 40 años y vive en existente por más de diez años asociaciones; tres de ellos con niños. Los cuatro científicos darse cuenta con Éxito uno Carrera profesional; dos de ellos son profesores. Tres de los compañeros de vida también trabajan como científicos, en parte en lo mismo Área de experiencia. A Compañero de vida es en el lo mismo área de experiencia fuera de el *bajo presión ...!?"*
Biográfico orientaciones de científicos 123

ciencia activa. Tres de las cuatro parejas realizan una doble carrera en cuarta pareja, sólo la mujer tiene una carrera en el sentido de la definida definición de carrera. A pesar del éxito profesional de todos los responsables de este tener puesto elegido casos diferenciar sí mismo historias de carrera y alimento situaciones el científicos parcialmente fuerte de cada uno. Además dos de los casos indican un predominio de la orientación vocacional y dos por un predominio de la orientación familiar (ver Figura 4.1). En De esta manera, el campo de tensión entre institucional y socio- más científico Apoyo contrastando ciertamente convertirse en. El Meta el Descripciones de casos es la interrelación de la acción profesional. y asociación y contexto institucional en la autodeclaración diez el mostrar mujeres científicas.

Una breve descripción de los casos con información sobre profesionales y socios. curso así como hacia estructura social el casas de los padres situado sí mismo en Sección 4.5 (Adjunto de este capítulo).

2

4.2.2 *Hacia Ciencia fijado (Caso 1: Behrendt)*

El primer caso presentado aquí es un ejemplo de un científico que vive con un científico igualmente exitoso y en cuyo camaradería el responsabilidades familiares (género) atípico repartido son (consulte Sección 4.5.1). El orientación vocacional de Mujer Behrendt es sobre ciencia como vocación y como carrera.

"Creo que tengo más voluntad de poder o algo así. Así soy, [...] voy siempre justo en medio de todas estas historias, como cuerpos y lo que sea. tomalo todo posibles invitaciones dentro de las instituciones en las que trabajo y tal más. Engánchate en esto también, y así sucesivamente. Pero mi pareja es más fuerte enfocada y concentrada. [...] Los dos ya estábamos bastante calibrados, que queríamos hacer esto, trabajar en ciencia. en mi caso aun mas que con él sin alternativa. Podría hacerlo entonces y puedo hacerlo ahora siempre aún no introducir, Qué I de lo contrario hacer podría. Entonces también en realidad desde el Poder aquí. [...] I pensar, nosotros tenía ambos En ese tiempo, creer I, no dicho, eso nosotros justo entonces terminar. [...] Pero para a mí era Por ejemplo profesor convertirse nada no imaginable."

La actuación profesional de la Sra. Behrendt se caracteriza por una profesionalidad científica habitual, que viene acompañada de una la capacidad de alcanzar metas profesionales. De acuerdo con la condición" de ellos familia de origen, el ya varios generaciones profeso hermanas afuera trajo tiene, acepta ella No profesional alternativas verdadero. Ella sigue su camino elegido en la ciencia y no describe explícitamente la cátedra como una meta profesional, pero la aborda con mayor que cosa normal el en de ellos biografía emprendido pasos hacia ella. Obstáculos planteados por otros encuestados, como un ya la precariedad financiera o la impertinencia, a pesar de tener una familia geográficamente Ser móvil no parece importarle a la Sra. Behrendt. decisión Las solicitudes de ofertas de trabajo están determinadas en gran medida por su perfil profesional individual. ches avance determina lo que, en caso de duda, una separación espacial desde el pareja requiere Mujer Behrendt entiende Ciencia como "Actitud", con eso se refiere al trabajo, la familia y la vida a las exigencias de la ciencia orientarse hacia una carrera profesional. Corresponde pues a la literatura de investigación describe al científico apasionado que aquellos con la "devoción" del todo descrita al principio del capítulo persona para la ciencia vidas (cf. Beaufaÿs 2004).

Además de la profesionalidad habitual, la actuación profesional de Mujer Behrendt también a través de uno orientación en influencia marcado sorteos. Ella tiene un sentido de las posiciones de poder y por lo tanto trae a sí misma- mitad en los órganos de decisión estratégica de las instituciones, para lo cual ella trabaja. Ofertas dirigidas a usted, p. ej. B. Invitaciones a conferencias o participación en comités, rara vez se niega. Este procedimiento se refiere a ellos como "ir en el medio"; le permite a la Sra. Behrendt realizar un seguimiento del curso de su desarrollo profesional. el arriba construir y mantener sus redes científicas son tan importantes su planificación de carrera así como las postulaciones a puestos que sean de su interés. La orientación de la acción de la Sra. Behrendt se mueve así en el lapso campo de voltaje entre uno alto cosa normal y uno Arriba- foto de actividad profesional, lo que significa que la Sra. Behrendt muere individual pasos de ellos carrera profesional con grande Éxito logrado.

"Bajo presión ...!?" Biográfico orientaciones de científicos **125**

Al mismo tiempo, queda claro que no pueden seguir su carrera profesional sin el apoyo lengua otras personas se dieron cuenta:

"Entonces I soy bastante seguro, eso en realidad sin este personas y a través de el, Qué ella a mi y también han hecho posible para otros, y las estructuras que han creado en el universidades, Cómo escuelas de posgrado y entonces más, el no posible estado eran. Entonces se repitió varias veces en diferentes puntos, por así decirlo, [...] I muy apoya estado soy. Entonces el es bastante seguro el de alguna manera lo más importante. [...] Y el otro igual de importante o muy importante, [...] también socio para quien es absolutamente evidente que ambos tenemos carreras científicas ren hacer y eso el no en Costos de algo otro va. Entonces eso nosotros el ambos no entonces ver, eso él se llama, entonces poder hombre algo otro no o entonces, bastante con misma actitud hacer ciencia."

Una buena conexión institucional le permite a la Sra. Behrendt, a lo largo desde el doctorado en una estrecha red de simpatizantes y simpatizantes a trabajar para las mujeres, de quienes recibe mucho apoyo y también como motor importante para su desarrollo profesional. Además, ella recibe mucha libertad en sus trabajos para implementar sus propias ideas de investigación zen y crea tu propio perfil de investigación. Ella trabaja desde la promoción. ción a puestos con contratos a más largo plazo, que al menos para ofrecen una perspectiva para unos años. Sra. Beh- rendimientos para todo su desarrollo profesional.

La Sra. Behrendt también recibe apoyo y asesoramiento en su asociación. Allá su pareja también como científico empleado es y el requisitos de la profesión científica es el intercambio sobre el profesional Campo una parte importante de las conversaciones regulares de la pareja y a más solidario factor en la planificación individual de la carrera de las mujeres Behrendt. Señor Behrendt es a más igual Pareja, el sí mismo arriba también es el principal responsable del cuidado de los niños durante largos períodos de tiempo cuida La pareja negocia el trabajo familiar en función de las necesidades. Mujer Behrendt es un poco mayor que su pareja, lo que ella ve como una ventaja. Ella es la primera en la relación en completar sus estudios y trabajos de calificación diez y luego, con su nombramiento como profesora, establece la permanente responsable de la residencia familiar. [3]

Por ambos socios compartiendo sus objetivos profesionales entre sí y entre sí. se apoyan mutuamente en sus ambiciones profesionales, la pareja en el caso Behrendt a Wissenschaft como una "empresa conjunta" en. A pesar de los mismos objetivos, la Sra. Behrendt afirma en su autodescripción practican una estrategia de carrera diferente para ellos que para su pareja. en delimitación lengua a de ellos propio orientación de poder describe ella su pareja como

---

3 Sin embargo, en su autodescripción, esta última no solo se describe como solidaria, sino también descrito como una pérdida de flexibilidad espacial y temporal. Ella lo justifica diciendo que el domicilio común de la familia se traslade a su lugar de trabajo y que todos la responsabilidad diaria de las preocupaciones de los niños recae en la Sra. Behrendt, mientras que esta antes su pareja básico aceptado tiene.
más motivados en términos de contenido y con un interés profesional en Para convertirte en un especialista en tu campo. Estos diferentes, ellos mismos las estrategias de carrera mutuamente

complementarias son las que se encuentran en la descripción La práctica de la Sra. Behrendt les permite a ambos continuar con sus actividades profesionales. perseguir con éxito; que el contenido se enfoque del socio afortunadamente uno consecuencia fuera de el especial dinámica de pareja es, restos incluido ignorado.

El Sr. Behrendt, que vigila la cohesión familiar, encaja su búsqueda de trabajo a las circunstancias creadas por la Sra. Behrendt. Él se restringe parcialmente a la hora de buscar trabajo y elige los profesionales Oportunidades para que la familia pueda continuar. El compañero abrió en este Forma a espacio libre para Mujer Behrendt, en hacia ella aparentemente despreocupado en el interés suyo profesional progreso acto, interesante Lugar asumir y particular posiciones de estado alcanzar poder. El hecho de que ambos miembros de la pareja "tiren en la misma dirección" es diez desequilibrio, el después años Expresión en Mujer Behrendts

encuentra "mala conciencia", [4] está claro que el Sr. Behrendt en relación no expresa insatisfacción con su propia carrera profesional. Abierto- obviamente no entiende su propio desarrollo profesional en la competencia a la de su pareja y, mirando hacia atrás, no tiene la sensación técnicamente haber renunciado a oportunidades profesionales especiales. Sra. Beh rendimientos y su pareja probar sí mismo con eso como *profesionalmente complementario* , el administrarlo a pesar de las condiciones institucionales que requieren flexibilidad, Asociaciones igualitarias basadas en el éxito profesional de ambos socios para dirigir la sociedad y una doble carrera - también en el sentido romántico darse cuenta.

A pesar de Mujer Behrendt y su pareja así como en el profesional como también alcanzar un alto nivel de satisfacción en el ámbito privado también con ellos "límites de factibilidad". Años de desplazamientos por delante especialmente una carga cuando el tiempo para la familia es muy escaso y ya no está disponible regularmente debido a las distancias excesivas. A- queda claro que una vida, como la de la pareja Behrendt, es una requiere un esfuerzo logístico y de planificación muy elevado. Una y otra vez Se verifica y se acuerda si y en qué medida ambos socios (y el niños) se sienten cómodos en la situación actual y cómo es profesionalmente y con de la familia continúa. El frecuente intercambio comunicativo conduce a eso él uno altura conformidad en el interpretaciones de Mujer y Señor

---

4 A la Sra. Behrendt realmente le gustaría tener una sociedad igualitaria en la que ambos los socios pueden realizarse profesionalmente y asumir la responsabilidad de la familia hombres. En teoría, no quiere cercenar la libertad profesional de su pareja. y aliviarlo de las tareas familiares. De hecho, sin embargo, el Sr. Behrendt ya se está haciendo cargo temprano después del nacimiento del primer hijo más responsabilidades relacionadas con la familia y se traslada muchos Años el Responsabilidad primaria para el cuidado y educación de Niños.

"Bajo presión ...!?" Biográfico orientaciones de científicos 127

Behrendt sobre la vida en común. esto es con los demas no te aparees consistentemente el caso.

4.2.3 *En pequeño pasos después arriba (Caso 2: puntero)*

El segundo caso presentado es similar al caso de Behrendt para una ciencia senschaftler que comparte su vida profesional con ella en el Ciencia hacer pareja rastreado (consulte Sección 4.5.2). En el A diferencia del primer caso, la Sra. Zeiher y su pareja no tienen hijos. Mujer Zeihers profesional orientación dirige sí mismo solo en Ciencia como

"Llamando" - se ve a sí misma como una persona dedicada únicamente a la contenido de una profesión y no por su estado interesado.

"Simplemente sucedió porque es solo una carrera. [...] Para mí no era ahora el objetivo de convertirme en profesor en algún momento... Sólo quería seguir investigando. [...] Fue particularmente importante que siempre trabajaras con mucha diligencia tanto durante el doctorado como fue también durante la posición de postdoctorado y tenía como objetivo, pero en la investigación permanecer. Traté de adquirir fondos de terceros yo mismo [...], así que primero el postdoctorado Trabajo fuera de pensar propio subsidios, y también el posición de habilitación de hecho."

La orientación de la acción de la Sra. Zeiher se puede describir mejor como "Política de pequeños pasos". Sin una cátedra como objetivo desde el principio en mente, la Sra. Zeiher planifica su desarrollo profesional paso a paso forma. Mientras ella en uno posición es, tiene ella el próximo escenario ya en el ojo. Tu orientación profesional no se basa en el prestigio ciertas posiciones, sino en el cambio permanente y mejora de su propia posición profesional. Las acciones profesionales de La Sra. Zeiher es altamente adaptable a los requisitos y carácter del sistema científico. Ella conoce su principio pien exactamente y se describe a si mismo como trabajador y orientado a objetivos. a su La planificación de la carrera implica mucha iniciativa personal. Ella siempre se aplica a tiempo. tig y a varios lugares al mismo tiempo. En sus aplicaciones ella es muy flexible. La Sra. Zeiher crea sus propios trabajos varias veces, presentando solicitudes para sus propios proyectos y utilizando los fondos que han recaudado su propia posición también se financia con sus propios fondos. tu pasión por El contenido de su actividad está en su autointerpretación de la razón por la cual no requiere ninguna fuerza para superar, en términos de requisitos y rendimiento gene uno carrera de ciencias Exactamente "correcto" a acto. Mujer puntero recibe la motivación central para el desarrollo de su carrera exclusivamente liche fuera de su contenido interés y no, Cómo Mujer Behrendt, también alcanzando posiciones de decisión. Su representación de carrera científica como "carrera" implica que en cierto modo no tienen ninguna otra opción tiene que ascender al rango de profesor.

En el contexto de que ya es profesora, trabaja en su Autodescripción como una persona "que solo quiere seguir investigando" relativamente modesto. Esta autodescripción no es casual: como escaladora educativa, ella no comienza su carrera con el mismo materia natural, por supuesto, como la Sra. Behrendt. Para no correr riesgos gallina y posiblemente sin Oferta quedarse a la espera desarrollado sí mismo Mujer puntero temprano hacia emprendedor de ellos Ser y fundado todo su Posiciones hasta una cátedra en la recaudación de fondos para la investigación. Para La Sra. Zeiher lo considera un motivo central en el empleo. para trabajar en el que son relativamente independientes de los superiores poder.

En esta actividad profesional, la Sra. Zeiher corresponde casi en su totalidad a una imagen del científico como emprendedor, a la que la creciente sistema científico orientado a la eficiencia y la competencia. corte es: una persona autosuficiente y adaptable son, que realiza investigaciones relacionadas con proyectos financiadas por terceros. Simultáneamente La modestia relacionada con el origen de la Sra. Zeiher se vuelve necesaria Estrategia. A diferencia de la Sra. Behrendt, la Sra. Zeiher no muestra a nadie en el exterior. voluntad de poder. Ella no reclama ascensión o influencia. querer tomar - características de comportamiento que es más probable que se concedan a los hombres convertirse en. La Sra. Zeiher sigue siendo modesta con sus colegas y es equivalente a con eso el esperado "femenino" connotado conductual pintar. Esta retirada de contenido puede ser necesaria para dentro del campo dominado por los hombres de las ciencias naturales, ascendió para asegurarse como científico.

La trayectoria profesional de la Sra. Zeiher se caracteriza por una sucesión de diferentes diferentes ocupaciones en las que realizan la investigación que les interesa puede darse cuenta Ya al inicio de su carrera y posteriormente ella tiene patrocinadores y colegas a quienes en su emprendimiento y con quienes tienen una estrecha relación social se mantiene en contacto Justo al comienzo de su carrera, durante su doctorado, su supervisor de doctorado la anima a hacerlo yendo al extranjero para hacer más independiente. Pero de lo que más se beneficia es de la experiencia suyo más viejo socios. Este aconseja ella como experto uno similar para campo de investigación en términos de contenido y estrategia.

"Sin embargo, creo que fue más cómodo para mí que él estuviera un paso por delante. era. Pero eso también significa que tienes la desventaja de que casi nunca vives en un mundo longitud es, de hecho. Pero aún así, [...] probablemente también fue bastante estimulanteren. [...] También me brindó un tremendo apoyo al escribir [...] las mociones. Él tiene [...] me apoyó y dijo [...] que uno podría tratar de conseguir un puesto de habilitación recibir, y como dije, sino para solicitar el puesto usted mismo."

La Sra. Zeiher es el estrecho entrelazamiento de las relaciones de pareja y el trabajo remunerado. a través de su propio Padres confiado El Padres – sin académico final se – han trabajado muy de cerca juntos durante muchos años y bien en el Profesión apoya En el Diferencia además buscar sin embargo Mujer y Señor puntero individual profesional Objetivos. El mutual Apoyo pretende hacer posible la consecución de los propios objetivos. Señor Zeiher, quien al inicio de la relación de pareja ya tenía una importante trayectoria sprung no solo es socia y colega de la Sra. Zeiher, sino también modelo a seguir y mentor. Su exitosa carrera muestra su ejemplar maneras para su propio desarrollo profesional y ofrece a la Sra. Zeiher Orientación. Se beneficia de la experiencia de su socio, que un campo de investigación muy similar en su contenido y carrera replanificación trabajar para Página soportes Con su nombramiento como profesora La Sra. Zeiher se pone al día profesionalmente con su pareja; los marcó un punto de inflexión en Relación de cargos profesionales de la pareja

La pareja necesita muchos para realizar sus objetivos profesionales individuales. Fases de la relación a distancia en la compra. Las distancias mayores son de ambos aceptaron, incluso si esto recorta la vida juntos como Par significar. También el indulto el formar una familia permite el Continuación de la práctica de las relaciones individualistas. La legitimidad para estos claros cortes en la vida privada y/o familiar está en el Pasión con la que la Sra. Zeiher describe su actitud hacia su trabajo. ella es la justificación y legitimidad de su vida fuera del trabajo pasa a un segundo plano. Aunque la Sra. Zeiher tiene las ideas claras al respecto que no haría ningún compromiso profesionalmente por la relación de pareja de, queda claro que la vida entre dos ciudades no es permanente es fácil. La enorme cantidad de trabajo con el que ambos socios en su sillas enfrentado son, y el ancho distancia entre su los respectivos lugares de trabajo y residencia hacen que los desplazamientos sean "demasiado agotadores" y hacer que la pareja se reúna un máximo de tres fines de semana al mes ve Dejando en claro a ambos socios que solo harán esto por unos pocos años y no puede soportar a largo plazo, la inestabilidad de esta relación arreglos de comida. El Oferta suyo socios ella podría en cualquier momento fuera de dejar su trabajo cuando "se vuelve demasiado" no es lo que hace una mujer los deseos de Zeiher. En el contexto de su avance profesional. más bien, está claro que el Sr. Zeiher ve a su esposa profesionalmente como su aprendiz, pero no como iguales profesionales. [5] En consecuencia, la Sra. Zeiher es la nige que afirma que está lidiando con la situación actual mucho mejor que tú socio tratando de pasar por un número reducido de regulares mutual Visita Estabilidad en su relación con traer.

---

5 Hemos visto esta forma de ofertas de los socios a sus esposas varias veces en el puntos de vista encontró. Juntos referirse ella en a problema de reconocimiento el Hombres enfrente de su profesionalmente socios exitosos.

4.2.4 *Buscar después Seguridad (Caso 3: Lehnert)*

A diferencia de los dos primeros casos, que indican dominio en el ámbito profesional el tercer caso es un ejemplo de uno orientación en el Meta el compatibilidad de Profesión y Familia (consulte Sección 4.5.3). La visión de la ciencia como vocación recibe caso sem un significado diferente y se acompaña de dudas sobre la Compatibilidad de la ocupación científica con la familia, a través de preguntas de subsistencia y la planificación de trabajo y familia agregado.

"Me mostró qué es lo mejor de la ciencia. Aquél su propio proyectos buscar poder y simplemente este increíble Libertad tiene y básicamente haciendo lo que disfrutas todos los días. Este es un lugar increíblemente privi- Trabajo aleado, encuentro. Y tiene el precio de no poder llegar a fin de mes financieramente. seguro adentro establecer poder en uno bastante, bastante anhelo Vista. Y para a mí posible nunca. Bueno, llegar a la cátedra no es mi ambición en absoluto. Asique haría a mi de hecho siempre con alegría uno nicho en el edificio central buscar desear."

Mujer Lehnerts interpretaciones hacia Ciencia como campo de actividad son de Marcado por los opuestos, manifestado como indecisión incluso en su encontrar la historia de la carrera. Por un lado está la Sra. Lehnert de Cha- actor del trabajo científico muy convencido y lo describe como uno creativo y variado Tarea, el ella muy con alegría ejercicios Le gusta el trabajo científico y especialmente el sustantivo. Ella realmente aprecia la libertad de este trabajo. En el otro lado, la Sra. Lehnert comenta repetidamente que su imagen es de un actividad creativa además del trabajo creativo de contenido también a través de una Se determina la capacidad con el tiempo familiar y la lucrativa fuente de ingresos. La Sra. Lehnert ve estas condiciones en el empleo habitual. condiciones en la ciencia que están en camino a un mapa científico re a graduado son, no cumplida

Una mirada a la carrera de la Sra. Lehnert muestra que tanto la situación inicial así como la trayectoria profesional no están diseñadas sin obstáculos diez. La Sra. Lehnert comienza como una escaladora educativa con menos cultura Capital y ya encuentra condiciones durante su doctorado que Comenzó en el científico Trabajar hacer más difícil. Ella Doctor en una beca, casi no tiene contacto con su supervisor de doctorado y tiene que pedirle financiar el tercer año del doctorado a través de comisiones de trabajo y otros trabajos. Después de completar su doctorado, la Sra. Lehnert solo recibe un contrato de un año. El tu situación laboral precaria durante y después de tu doctorado depende de ti Necesidad de planificar y asegurar la familia y la convivencia. con el compañero En previsión de la próxima familia. Durante su período de posdoctorado, la Sra. Lehnert comienza un puesto fuera de de la ciencia para buscar su horario de trabajo regular y largo plazo prospectos de empleo oferta debería. El nacimiento de ellos Niños se mueve el Deseo de tener tiempo fuera del trabajo y financieramente seguro estar en el centro de sus ideas de trabajo satisfactorio. La ubicación de la actividad dentro o fuera de la ciencia. por lo tanto secundario. La indecisión de la Sra. Lehnert en el ámbito profesional La orientación también es evidente en los años en que estuvieron en un empresa es empleada: Reconoce la importancia de los contenidos relacionados trabajando como científico, y regresará después de que se disuelva la empresa volver al trabajo científico. Desde entonces ha estado en un corto lento como un empleado a tiempo parcial y no le gustaría suficiente para trabajar a tiempo completo. Las relaciones laborales serán Coincidencia (prospectiva) con la vida familiar seleccionada, con el local y fijaciones temporales de Las condiciones de trabajo son clave.

El profesional Acto de Mujer Lehnert es a través de esto caracteriza eso ella profesional ocasiones busca y percibe sin completamente después querer arriba. Aunque la Sra. Lehnert se siente llamada a la ciencia, marcas sí mismo su trayectoria profesional a través de cambio de trabajo y uno cierto Indecisión. Esta indecisión también debe ser vista como una *expresión de estructural precarización* científico relaciones laborales comprendido convertirse en. actividades en uno perpetuo Trabajo en tiempo parcial – cómo le desea a la Sra. Lehnert después del nacimiento de sus hijos- están en sistema de ciencia no destinado. Similar Cómo en Mujer puntero recibe la idea de una vocación científica tiene un significado diferente para la Sra. Lehnert ción: Se limita al contenido sin avance y querer realizar la toma de flujo. A diferencia de la Sra. Zeiher, ella ve sin embargo – porque de ellos orientación en Familia y validación – bajo las condiciones dadas en la ciencia, no profesional Futuro.

"I debe honesto decir, eso I el disfrutar ambos a tener y también en realidad más tener tiempo para los niños. Y el puesto de medio tiempo me sienta muy bien. Tengo a veces la sensación de que mi esposo tiene menos problemas con eso, ahora un tiempo completo lugar para llenar y luego hacer menos de las otras cosas. Pero el dice que el también tendría ganas de darle la vuelta, y luego simplemente lo haría intentar con el Trabajo de tiempo completo, si I el conseguir. El es pero muy improbable."

Después de su doctorado y el nacimiento de sus hijos, la Sra. Lehnert comienza su transferir algunas de sus ambiciones profesionales a su pareja. usted con-estructura su carrera como no lineal y deja la carrera orientada a objetivos dirigió su búsqueda de una cátedra a su esposo, a quien apoya establecerse en la ciencia a largo plazo. Dos carreras en ciencias. realizar y tener una familia, la Sra. Lehnert aparece en no es posible debido a los requisitos del trabajo. En cambio, ella espera que su Mann pronto un puesto de por vida como profesor después de una habilitación exitosa recibe y apoya su carrera científica por cuidado el Niños principalmente se hace cargo. Allá el previsible Fin el compañero de trabajo suyo socios se acerca y Señor Lehnert aún no ha recibido una reputación La Sra. Lehnert tiene que solicitar un trabajo de tiempo completo que no quiere empleo prepárate alrededor "si necesario" el Familia a finanzas. El La afirmación de su pareja de que, en caso de duda, ella también es el sostén de la familia ser poder, pone Mujer Lehnert desde el formar una familia fortificado bajo Imprimir.

El ideas familiares de Señor Lehnert son a través de su Padres, el ambos empleado eran, conformado y en uno reclamo de igualdad alineado. Las dificultades para su camino profesional son sus Mujer conocida porque tras el nacimiento de los hijos "solo" trabaja medio tiempo y asume la responsabilidad principal del trabajo de cuidados. La asignación Sin embargo, encuentra que el papel de principal sostén de la familia es una carga porque tiene su trabajo con hacia riesgo atados juntos ve, no salir adelante es decir No para obtener una cátedra. El Sr. Lehnert preferiría reducir el riesgo a dos para distribuir personas, es decir, él y su esposa. Usando el ejemplo de un rechazado ª oferta de trabajo a la pareja – con cinco años de empleo en la misma ciudad, donde obtuvo un puesto de asistente en un joven grupo y habría obtenido una cátedra con poca investigación Sr. Lehnert claramente que su esposa se hará cargo del principal sostén de la familia el rol decae. Al mismo tiempo, asume menos trabajo familiar que el suyo. Esposa, es decir, se hace cargo de los hijos en casos excepcionales o junto con su Mujer que se ocupa de todas las citas regulares. se arrepiente, ninguno haber tomado la licencia parental y, a veces, tiene dificultades con ella involucrarse en el cuidado de los niños.

Contrariamente a su pretensión de actuar como iguales en el trabajo y la familia quieren, la Sra. y el Sr. Lehnert realizan una división tradicional de tareas, en el que el Sr. Lehnert es el sostén principal y la Sra. Lehnert es un sostén adicional el cuidador es. Está muy claro que el empleo precario situación de la pareja Lehnert, a saber, que el mayor desarrollo profesional de ambos La pareja en el momento de la entrevista no está clara, considerada por ambos como una carga pesada es sentido. La precariedad laboral se traslada a la y se expresa en la insatisfacción de ambos socios con el actual pendiente división de roles fuera de. El Preguntar, Cómo el Tareas repartido convertirse debería, no se ha aclarado finalmente para la Sra. y el Sr. Lehnert cuál es la relación arreglo de comida hace que la pareja se sienta insegura.

4.2.5 *reconocimiento en Profesión y Familia (Caso 4: Thiel)*

El cuarto caso representa a una mujer científica con una familia dominante. enorientación, que acepta compensaciones en lugar de las privadas (ellos ver sección 4.5.4). Ella asume toda la responsabilidad por su hijo y asigna un papel secundario a su pareja en el cuidado de los niños. profesionalmente es ella muy exitoso y está trabajando en uno firme Trabajo. A pesar de las similitudes en la orientación familiar, el caso difiere en diferentes diferentes aspectos de la Sra. Lehnert: Así es como la Sra. Thiel garantías funcionales posibles para acortar sus horas de trabajo a largo plazo y autodeterminado con respecto a la compatibilidad del trabajo y la familia es correcto ser flexible

"Siempre tengo la sensación de que no puedo terminar todo aquí como puedo quisiera, y en casa exactamente igual. Es importante que lo aceptes. usted mismo y que establece prioridades. Mi prioridad es la familia y los míos. Niño. Y mientras haga bien mis cosas aquí y tenga la impresión de que el panorama general es correcto y mis empleados estudiantes también están desarrollando y llevarse bien con su trabajo, entonces también está bien. Tengo que Yo mismo sigo repensando y haciendo concesiones. [...] Profesionalmente. hisopos profesionalmente, Privado me gustaría No hisopos hacer."

La Sra. Thiel valora mucho su trabajo como científica. en el tema de sus ambiciones profesionales, la Sra. Thiel presenta el contenido de las respectivas proyectos y posiciones de genes, así como el alcance de la investigación independiente al primer plano. La ciencia ofrece a la Sra. Thiel un campo profesional en que encuentra realización, pero también respeto. Este último es apretado para ellos. la consecución de determinados cargos y títulos. Aunque ella Progresión profesional a través de un empleo virtualmente ininterrumpido en la ciencia. distinguida, la Sra. Thiel no persiguió el objetivo desde el comienzo de capaz de quedarse. Al comienzo de su carrera, trabaja para algunos meses en una empresa privada. La decisión de La promoción también fue impulsada por su pareja. Sr. Thiel - él mismo un médico torand, cuando los dos se convierten en pareja - anima a la Sra. Thiel a su avance de tesis. Las razones, posteriores a otra alta Cambiar de escuela y empezar allí tu habilitación no te más discutido; pero la decisión, la habilitación comenzada a pesar de retrasos a través de relacionado con la familia interrupciones y de letra de cambio en uno perpetuo Trabajo en su área temática a fin. Allá ella teme que su posición como consejera académica resulte en demasiado trabajo debiendo ejercer en virtud de su cualificación ("funciones de secretario"), la ella de cumpliendo Trabajar mantener esperanzas ella a través de el Alcanzar el Habilitación luego nombrada profesora honoraria en su universidad. convertirse en.

"Entonces z. B. la habilitación no tiene que ser completada en 2011 o 2012, pero otro entonces será 2014 o terminado en 2015."

Las acciones profesionales de la Sra. Thiel son en comparación con los otros casos. Len a través de uno serenidad marcado. Ella ve de ellos profesional Mirando hacia el futuro sin preocupaciones, dándose mucho tiempo para completar su tesis de habilitación y utiliza las posibilidades de reducción de jornada, dedicarse aún más a su hijo y salir de la micropolítica asuntos del instituto extraer. A pesar de suyo sin espacios trayectoria profesional Plantea que la Sra. Thiel no pretende ser resuelta. En el centro de No hay descripción de su empleo, como es el caso de la Sra. Lehnert, quien ganar dinero o asegurar la familia; en relación con profesionales Para ellos, la autorrealización representa valores como la independencia y la aceptación de la responsabilidad.

La compostura de la Sra. Thiel en la planificación de su carrera se puede ver al contexto institucional y de partenariado en el que se desarrollan sus la historia está incrustada, entiéndalo. El contexto institucional en el que la Sra. Thiel completa su desarrollo profesional se caracteriza por un lado debido a la buena integración en el instituto, los puestos con comparativamente largos períodos de contrato y los muchos años de apoyo de su médico torvater, quien lo alienta desde el principio a establecer sus propias prioridades de investigación, y ella también después el promoción además profesional y estratégicamente aconseja Desde niña, su ausencia entre los compañeros era vista como una falta ella sabe el valor de su trabajo. ella aprecia la suya contribución sustantiva al departamento como importante e insustituible. El condiciones profesionales de las ciencias técnicas en las que el empleado generalmente están bien equipados, permita que la Sra. Thiel, en general dos años de permiso parental sin perder la condición profesional temer.

También en su asociación, la Sra. Thiel está informada en varios niveles. apoya: Por un lado tira el pareja en su ubicación y busca ahi un nuevo trabajo; por otro lado los puede debido a la misma cualificaciones profesionales. Los ingresos consistentemente altos hombres del Sr. Thiel representa una salvaguarda para la Sra. Thiel. En un otro nivel, con el cuidado de los niños, la Sra. Thiel rechaza el apoyo su pareja, por otro lado. Ella reclama esta tarea para ella sola establecido con su pareja después del nacimiento de su hijo modelo de relación conservador en el que la distribución de tareas entre los padres se justifica tradicionalmente en términos de género. La Sra. Thiel describe el Profesión suyo socios el en el sector privado empleado es, como el único Empleo que no es compatible con las responsabilidades de cuidado de niños permisos, es decir, no debe ser interrumpido por un permiso parental porque su El trabajo remunerado trae más ingresos y, además, también para el cada día Cuidado (porque uno bajo flexibilidad horaria) solo muy restringido compatible es.

En total Satisface Mujer Thiel el gran parte el decisiones dentrola familia. Ella misma organiza y cuida a los niños. Responsabilidad primaria por el niño común. Esta familia tradicional modelo se debe a las horas de trabajo flexibles disponibles para ella permite. Señor Thiel se convierte con eso simultáneamente como "sostén de la familia" estafa- estructurado. Su ambiciones, sí mismo fuera de Encontró el insatisfacción en el trabajo en el primero edad de niño también en el tiempo de crianza a participar, OMS-la de la Sra. Thiel rechazada. Sr. Thiel, quien camino de estiércol también en el ciencias de la ingeniería Doctor tiene, es en insatisfecho con su trabajo actual en el sector privado. su actual Describe la situación laboral actual como muy estresante y siempre le sigue el juego. la idea de renunciar al cargo. Sin embargo, no informa concreto reorientaciones o intentos de salida. Similar se comporta preocupado por su participación en la familia y las responsabilidades de cuidado que sólo a petición de su esposa. No se tomó la licencia de paternidad trabaja a tiempo completo y trabaja horas extras – en por lo general no es antes de los 19 reloj en casa. Aunque critica la tradicional división de tareas, es pero no una opción activa para la Sra. Thiel. La relación entre el señor y Mujer Thiel es en total a través de uno *complementario asimetría* marcado sorteos; es decir, con todas las declaraciones sobre su pareja, subraya la Sra. Thiel el diferencia contigo mismo (y viceversa).

tomados en conjunto prueba sí mismo Mujer Thiel como inteligente Gerente, el él crea sí mismo no solo profesionalmente usando sus compañeros, pero también organiza una red de apoyo en privado a través de su pareja que apoya sus opciones de vida. El aprecio por su trabajo incita sus colegas, ella en todos sus deseos de mayor flexibilidad para apoyar las horas de trabajo y las pausas más largas debido a la licencia parental Zen. En términos de complementariedad asimétrica, se asegura a sí misma a través de la Cuidado suyo niño reconocimiento y Apoyo suyo socios. A diferencia de la Sra. Behrendt, la Sra. Thiel no permite que su pareja esté activa integración en el cuidado de niños, bastante transmite a él solo el Abandono de la seguridad económica como sostén familiar. lo dificil cosas antes ellos tambien La Sra. Thiel preguntó repetidamente en el curso de su carrera. desde el nacimiento de su hijo, se enfrenta a un conjunto claro de prioridades lengua. Su fuerte orientación familiar la lleva a enfocarse profesionalmente en la concentrarse en las cosas más importantes - que usted puede exitoso.

4.3   Ciencia entre Profesión y vocación

El reportes del caso, el en el siguiente comparativo discutido convertirse en, mostrar las muy diversas orientaciones profesionales de las mujeres científicas y apuntan a una ponderación diferente del empleo remunerado y vida familiar de los encuestados. En las autodescripciones claro que el ethos científico mencionado en la introducción sigue siendo eficaz y las acciones profesionales de las mujeres científicas guías ne. Los cuatro científicos abordan un tema interno función hacia Ciencia, sin embargo entender ella debajo diferente contenidos, actitudes y métodos de trabajo, como muestra la siguiente ilustración (uno Resumen el respectivo profesional y orientación familiar encuentra sí mismo en Figura 4.2).

La reconstrucción de la orientación de carrera y el comportamiento de los Las científicas Sra. Behrendt y Sra. Zeiher vienen en términos de contenido. el significado de vocación elaborado por Beaufaÿs (2004). En el En el primer caso, el origen del científico favorece una orientación de carrera designación, el con actitud profesional y autoimagen de la ciencia como vocación y la búsqueda resuelta de propia carrera y una comprensión emancipada de los roles en relación con trabajo familiar más fácil. En el segundo caso, el foco está en el conocimiento. senschaft como una vocación con el objetivo de igualar el estatus con los mayores, científico exitoso pareja a lo largo de. Ambos científicos están muy involucrados en su desarrollo profesional (por ejemplo, a través de numerosos propuestas de investigación) y se sienten llamados al trabajo científico. No obstante, ambos cuentan con condiciones especiales que les permiten chen, la profesión científica como vocación de vivir.

En el primer caso, el alto compromiso de la pareja en la familia trabajo para garantizar que el trabajo diario de la Sra. Behrendt realmente de todo lo que no sirva directamente a la promoción profesional, "libremente nigt" (Beaufaÿs 2004: párr. 5). El socio permite a la Sra. Behrendt dedicarse a su profesión de la misma manera que su orientación profesional corresponde sin tener que prescindir de una familia. estos diferentes recordar las estrategias de carrera de la Sra. Behrendt y su pareja, con Excepción a la asignación de género - también a la distinción varias estrategias de carrera de Bock y De Jong (1994; citado por van Doorne-Huiskes/den Dulk/Peper 2005: 50f.). Estrategia de carrera de la mujer Behrendt corresponde a una "estrategia de carrera" con la que se esfuerza De Jong un trabajo de tiempo completo, aprovechar las oportunidades, la ambición, la iniciativa la acción activa y la visibilización de las propias capacidades. Este La estrategia implica que una cierta libertad para la propia carrera es ben, ya que es más común en los hombres. La estrategia de carrera de El Sr. Behrendt, por otro lado, muestra signos de una "estrategia profesional". ing, es decir, un mayor enfoque en el contenido y un menor nivel de hace hincapié en las tareas organizativas de la vida laboral cotidiana. modelo de asociación le, que permiten una fuerte orientación profesional, fueron lucrativas durante mucho tiempo hacer hombres Reservado y encontrar sí mismo bajo mujeres científicas especialmente si tienen hijos, aún hoy es raro (cf. Hess/ rusconi 2010).

En el segundo caso, también, el científico sigue mí un enfoque exclusivo en su trabajo. Ella posa con levantamiento el éxito de la profesión a través de la asociación y se mueve junto con su Pareja, el también como profesor empleado es, el establecimiento uno amor familiar Como empresaria independiente, la Sra. Zeiher hace de su carrera profesional El éxito es responsable de sí mismo y también se adapta a sus acciones en la esfera privada. a los requerimientos profesionales. La falta de hijos como estrategia para o como La consecuencia del éxito profesional ya es inherente a la ciencia discutido constantemente (por ejemplo, el capítulo 3 de este libro; cf. Metz-Göckel/ Möller/Auferkorte-Michaelis 2009).

Aunque la vocación "interior" a la ciencia también incluye la autodescripción ejercicios de los otros dos científicos, su dedicación al trabajo a través de la orientación familiar, las acciones cotidianas y la orientación el enfoque en proteger a sus familias está significativamente restringido. entonces sabe Aunque la Sra. Lehnert está muy interesada en el contenido, las contradicciones entre las exigencias de la profesión científica y la El deseo de tener una familia lleva al entrevistado a resumir, dividir el trabajo solo una persona puede hacer una carrera en ciencias. A través de lo tradicional comprensión del papel de la pareja, la suerte recae en el socios que están más avanzados en sus carreras. En el cuarto caso, el La universidad para el científico representa un campo profesional en el que puede persiguen intereses sustantivos y que ellos con su vida familiar, la juega un papel central, se pueden reconciliar muy bien. La existencia cerca Carrera profesional- y orientación de estado es cercanamente con los hechos ver- que un ingreso seguro (posición permanente) solo es posible en posiciones altas le) se puede lograr. Ambos científicos ven en lo científico un trabajo que practican además de otros aspectos de sus vidas poder. A su entendimiento profesional escuchó también el claro limitación la Jornada laboral, es decir, el trabajo a tiempo parcial. Debido a la mejor contractual condiciones, la posibilidad de un trabajo autodeterminado y, en última instancia, también la posición permanente, la Sra. Thiel experimenta su trabajo como científica como compatible con su apuntar en otros Áreas de la vida. Mujer Lehnert, las debidas a los contratos de duración determinada y a la colaboración en proyectos está bajo mucha más presión, ve sus expectativas de la ciencia eje como Profesión, el el compatibilidad con otros objetivos en la vida, menos conocido como la Sra. Thiel.

Dado que los cuatro entrevistados tenían experiencia exitoso, pero no las cuatro mujeres ya tienen una reputación como pro- recibir una cátedra o un puesto seguro dentro del sistema científico tems, a pesar de las diferencias en la orientación profesional ción y el diseño de trayectorias profesionales no conforman exactamente lo que Che orientación según cabe suponer "mejor" para el exitoso graduado una carrera de ciencias. Las orientaciones en el trabajo y la familia son estrechas. entrelazados con el marco institucional y de asociación y orientar las actividades profesionales y familiares de las mujeres científicas llamar. En el caso de la señora Lehnert, quedó claramente demostrado que luego de la nacimiento de los hijos con más fuerza en la conciliación de la familia y la carrera El científico orienta la orientación en el sentido de autoselección. ha provocado que ciertas ofertas de trabajo sean rechazadas y el socio el carrera orientada Objetivos a transferir. Aquí se convierte el profesional Incluso- renunciado a la pareja por la vida familiar: la preguntó el científico cambiando de ciencia a negocio, luego de vuelta a la ciencia a tiempo parcial para asumir la responsabilidad principal de adopción de niños en el modelo familiar tradicional. Esta familia orientación está estrechamente ligada a su orientación profesional y no es diferente: El científico no busca lo institucional posición planeada de un trabajo postdoctoral interesante como medio, pero fijado Trabajo. El sistema de ciencia ve a "la mitad/n Investigador" no propone, por lo que trata de encontrar su orientación profesional en la ciencia sociedad retirando sus propias pretensiones. Lo contrario puede deberse a ajustes de orientación profesional en la familia área. Estas adaptaciones ven cambios familiares. Formas de vida, como en el caso de la Sra. Behrendt, por su trabajo no vive en el mismo lugar con su pareja, o como en el caso de la Sra. Zeiher, que no forma su propia familia por sus metas profesionales. el profesional Orientación antes y durante la fase de formación de una familia y la Preguntar después el profesional Seguridad después el fase familiar son con eso un factor de influencia importante para la carrera académica (cf. también Capítulo 3 en este Un libro).

Al comparar las orientaciones profesionales de las mujeres científicas además en, eso uno fijado y claro anclaje en el Ciencia,
que están en empleo continuo como empleados científicos beiterin, conduce a una evaluación diferente de las propias posibilidades como a a través de subsidios o El desempleo interrumpió la carrera. Se ofrecen como una conexión suelta a largo plazo con un departamento. Titular de la beca sin empleo o con un empleo muy breve después del doctorado relaciones se convierte uno carrera universitaria como incompatible con el profesional y objetivos de vida evaluados. También puede inseguro, insolidario Condiciones marco como en el caso de la Sra. Lehnert para cambiar el orientación profesional y/o familiar. Aquí se muestra que el difíciles condiciones iniciales de su carrera científica a pesar de la alta motivación intrínseca para alejarse temporalmente del sistema científico tem puede conducir. El científico, que al principio que tienen menos obstáculos que superar en sus carreras profesionales, trabajan en estrecha colaboración con los mentores y mentores u otros simpatizantes juntos los hombres trabajan, en el curso de la carrera una orientación profesional cada vez más fuerte, es decir una voluntad de levantarse. Así es como la Sra. Thiel cada vez más importante tener un puesto

que sea adecuado a sus calificaciones asumir, en el que recibe reconocimiento. Esto hace que ellos que a pesar de su cargo permanente como consejera académica, está completando su habilitación concluir y me gustaría ser promovido a profesor.

compara hombre el trayectoria de carrera el científicos con aquellos de sus parejas, también se nota que las parejas suelen tener relaciones más largas tienen relaciones laborales lentas y continuas y ciertamente más optimista en su profesional Futuro en el Ciencia mirar, aunque también abordan en parte las incertidumbres provocadas por los contratos cortos Esto corresponde en gran medida a lo mencionado anteriormente por Jaksztat, Schin- Der y Briedis (2010) elaboraron hallazgos sobre las diferencias de género divorciado la evaluacion de oportunidades de carrera en el Ciencia.

4.4   Resumen y panorama

El presente Contribución visualizado el especial Significado el igual diseño el relación de pareja para el realización más exitoso trayectoria de carrera de científicos y podría claramente en que medida el institución universitaria carreras por mujeres puede promover.

Como regla general, las científicas se entienden entre sí en comparación con las suyas. socios como profesionalmente Mismo. En alguno científicos consiste esta igualdad ya al comienzo de su carrera y se puede lograr a través de la La progresión profesional puede mantenerse. Otros científicos por otro lado, reorganizarse parcialmente en el curso de sus carreras, en particular re porque ella después el promoción solo fuera de el Ciencia fijado Coloque o encuentre oportunidades de empleo a tiempo parcial. Aún otros sólo lo harán Progresión profesional con compañeros profesionales al compartir sus avances profesionales. un socio en términos de estatus profesional, responsabilidad profesional y ven a ponerte al día Dado que no está claro hasta tarde si el objetivo profesional del conocimiento a través de una posición permanente como profesor (o científico che Concejal) puede hacerse permanente, arrojar las precariedades profesionales para todas las parejas tienen una mayor necesidad de planificación. Este borrador del futuro está hecho por Pareja a pareja configurada de manera diferente, y los socios entran en el Roles del modelo a seguir profesional, el colega, el proveedor de la hijos semilla o el sostén de la familia tienen cada uno muy diferente Interpretaciones para el desarrollo profesional de mujeres científicas. Si Los científicos en su pareja una fuerza confiable en la familia área y un intercambio intelectual a nivel profesional. guarida, pueden cumplir con las demandas de una carrera científica en un de una manera que permita la compatibilidad con la familia. una pareja dina- mik, que está orientado hacia objetivos generales generales, es con el Darse cuenta de su propia carrera es muy útil. El apoyo de la ner puede tomar diferentes formas y también referirse a la limitar el nivel profesional. Como mentores y asesores estratégicos, socios que apoyan a la científica en su desarrollo profesional zen y por ejemplo sus carreras como autónomo hacer copias de seguridad.

hasta que punto falta práctico Apoyo a través de el pareja también en el caso de carreras de ciencias de Mujer *sin* Niños uno role jugadas sigue siendo incierta en el contexto de nuestras evaluaciones, ya que este no se aplica a ninguno de los casos analizados. científicos con niños, que no tienen apoyo en el ámbito privado o profesional tanto más dependiente del marco institucional. Encontrar tienen condiciones en el sistema científico que les dan perspectivas seguras y ofrecer la posibilidad de un trabajo flexible, una empresa ideal Apoyar a los socios para asegurar su propio éxito profesional. Si no los encuentra, su propia carrera en el sistema científico se convierte en un acto de cuerda floja.

En conclusión, se puede afirmar que en la ciencia predeterminado institucional ocasiones, el hasta hacia cátedra No proporcionar empleo permanente en un lugar, dependiendo de la estructura social origen cultural y biográfico de los científicos y dependiendo capacidad de el respectivo dinámica en el Par muy diferente hacia disposición el propio trayectoria de carrera usado convertirse poder. El caso escritos muestran que un fondo de clase media puramente educada suelo dado familiaridad con el científico método de trabajo No necesario Condición previa para el exitoso realización uno representa una carrera científica. El análisis también deja claro cual ambivalencias En particular escaladores educativos en el actual sistema de ciencia genética para tener éxito profesional y seguir personalmente satisfactoriamente una carrera académica.

Las carreras científicas, como hemos demostrado, exigen mucho mentos a su candidatura. Por un lado, el ethos de la ciencia la profesión científica como vocación obstinada; trabaja profundamente en la vida diseño de muchos científicos. Simultáneamente están aumentando además del requisito de una cita académica Se requiere dinámicas de autoemprendimiento. 6 En el curso de la vigilia enviar reclamo a la empleabilidad y capacidad de nombramiento de científicos demandas hechas por los científicos sobre las habilidades de autovalidación, Conocimiento y mantenimiento de contactos, así como habilidades estratégicas en artesanía. el propio Carrera ir con uno desacoplamiento de esfuerzo y Resultado, es decir h científico Éxito a lo largo de y incitado Conocimiento- investigadores científicos a hablar de las carreras científicas como "hechas hablar" (cf. Enders 2003).

En el contexto de las condiciones especiales de carrera en ciencias. hemos examinado cómo las mujeres encuentran su camino en el mundo científico emprender una carrera y lo que los motiva en este camino hacia una cátedra a buscar. Mujer, el uno carrera de ciencias esforzarse, conocimiento alrededor los requisitos especiales y actuar en consecuencia; pero chocan- combinar sus orientaciones profesionales con otras metas en la vida; una compatibilidad del trabajo, la sociedad y la familia se debe a un cambio de ubicación, larga duración veces y temporal restricciones uno pisado en el edad Fase de cualificación adaptada difícil de conseguir. El sistema de la ciencia tem ofrece (todavía) pocas posibilidades para un cambio conjunto de ubicación y no hay posibilidades de una edad independiente, individualizado fase de cualificación o puestos directivos prometedores a tiempo parcial. para uno Hacer frente a las diferentes tareas de un científico empleo requisito él actualmente Pareja, el el Plan el Mujer apoyo. Las carreras científicas exitosas son particularmente Mujer denegado, cuyo vocación en de ellos relación de pareja vivido se convierte en En estas relaciones de pareja, las carreras científicas de las mujeres son (con) diseñado, al mismo tiempo estas parejas alcanzan los límites de su fuerza. organizativo Exigencias tóricas de cambiar de lugar de trabajo y largas horas de trabajo se experimentan como demandas irrazonables a largo plazo. Las mujeres, a su vez, que no están en fuerte igualitario orientado relaciones de pareja integrado son, llevar el La estructuración del trabajo y la familia son los principales responsables solos. usted está para arriba institucional "nichos" confiado o vida sin camaradería (y

---

6 El concepto de autoemprendedor está relacionado con el concepto de emprendedor científico. diferenciar. este último designada científico y mujeres científicas el sí mismo establecerse profesionalmente en la interfaz de la ciencia y los negocios como en la tecnología nik- y Ciencias Naturales a observar (Rodilla/Simón 2009: 537).

familia) en el sentido tradicional de lugar común de residencia y mío pasaba el tiempo libre.

El éxito profesional de las mujeres científicas está así presente estrechamente vinculado a la presencia de socios de apoyo y no a través regulaciones institucionales aseguradas por la ciencia. el submarino El apoyo a los socios puede tomar muchas formas y variar dependiendo de los planes de vida de las parejas al ámbito profesional o centrarse en la vida privada. Para el éxito profesional del conocimiento Sin embargo, actualmente es el caso que aquellos que son particularmente exitosos cuyo socios con ellos juntos Tener una carrera".

4.5 Adjunto: breves descripciones el casos

4.5.1 historia profesional y estructura social caso 1

A los 40, la Sra. Behrendt es un poco mayor que su pareja. ella es una sociable senschaftler y tiene su doctorado y habilitación en este tema terminado. En el momento de la encuesta, la Sra. Behrendt trabajaba como profesora sorin Su pareja es un doctor en ciencias naturales que es entrevistado tiempo en uno Instituto de Investigación en su habilitación está trabajando. El La pareja tiene carreras duales. La relación de pareja entre mujer y hombre Behrendt comenzó poco después de que la Sra. Behrendt y existe desde hace unos 15 años. La pareja tiene dos hijos menores de diez años. años de edad son.

Desde que obtuvieron sus títulos universitarios, ambos socios han sin disculpas científico trabajó. También eran ambos casi continuamente en cambiando temporario Lugar ocupado, con el Excepción el Licencia de maternidad de menos de medio año de la Sra. Behrendt y una cada fase muy corta de desempleo de ambos socios a diferentes puntos de tiempo. Mientras la Sra. Behrendt estaba haciendo su investigación en una escuela de posgrado comienza la carrera científica, el Sr. Behrendt trabaja continuamente Posiciones de tiempo completo financiadas por terceros o financiadas con fondos básicos. Desde mi doctorado ambos socios a puestos que se conocían a través de un contrato más largo están firmados (más de cinco años). La Sra. Behrendt describe sus posiciones como semejante, en aquellos ella relativo independiente y gratis investigación podría y al mismo tiempo una gran cantidad de apoyo positivo a través de la integración institucional de sus actividad y por sus superiores así como patrocinadores diez tiene. La Sra. y el Sr. viven y trabajan hasta el nacimiento del primer hijo Behrendt en diferentes lugares durante muchos años. Por el nacimiento de la primera Niño, determinan un lugar común de residencia, que se basa en el lugar de trabajo de Señor Behrendt caídas y en hacia el común Niños vida. Mujer

Behrendt viaja durante muchos años y hasta que asume su cátedra. a su lugar de trabajo. Después de eso, la pareja perdió el común. residencia principal en su lugar de trabajo; ahora su pareja viaja diariamente. Sra. Behrendt tiene antecedentes educativos. Ambos padres estaban empleados y empleado en posiciones de liderazgo en la ciencia. En la familia de Señor Behrendt tiene el Padre uno académico Capacitación y es empleado, el Madre era en el primero diez años de vida el Niñosno funciona.

4.5.2 *historia profesional y estructura social caso 2*

La Sra. Zeiher tiene casi 40 años y nueve años menos que su pareja. Ella obtuvo su título universitario en ciencias naturales, doctorado cuarto y habilitación. En el momento de la encuesta, la Sra. Zeiher y su Socio ambos como profesores en la misma materia. se conocieron en la fase de doctorado de la Sra. Zeiher, cuando ambos estaban en el mismo nivel científico instituto y el Sr. Zeiher acaba de completar su habilitación. la relacion de pareja consiste desde más de diez años.

Sin excepción, la Sra. Zeiher trabajó en ciencias. Ella empieza su trayectoria profesional en europeo En el extranjero, donde creció y obtuvo su título universitario. Casi dos años después de la graduación Finalmente, se traslada a Alemania, inicialmente como investigadora. colega a trabajar y entonces a estudios de doctorado registro. Después Diploma de ellos promoción está trabajando ella sin costura en cambiando, Posiciones posdoctorales temporales en varios lugares. En este Puede investigar de forma relativamente independiente. Ella logra esto por presenta sus propias propuestas de proyectos y selecciona los temas principales que interesado. Siempre está bien arraigado institucionalmente. ella tiene un gran ßes red profesional y recibe mucho apoyo, sobre todo al principio su carrera a través de su supervisor de doctorado. También el socio de la Sra. Zei- ella ha estado trabajando como científica sin interrupción desde que se graduó. Hasta su habilitación, se financia principalmente a través de becas. En el primera mitad de la relación, el Sr. y la Sra. principalmente en lugares separados. La Sra. Zeiher viaja entre el ubicación propia y la de tu pareja. Vive durante su habilitación y la pareja trabaja en la misma ciudad. Con su nombramiento, la Sra. Zeiheruna cátedra en una universidad a más de quinientos kilómetros de distancia. El Sr. y la Sra. Zeiher pasan dos o tres fines de semana cada mes juntos. Ni los padres de la Sra. Zeiher ni los de su esposo tener académico grados adquirido. Mientras el Padres de Mujer Zeiher ambos trabajaban a tiempo completo sin puestos directivos, el trabajo solo el padre trabajaba a tiempo completo en la familia del Sr. Zeiher Posición de liderazgo.

4.5.3 *historia profesional y estructura social caso 3*

Mujer Lehnert es Cómo su pareja algo arriba 40 Años viejo. Su estudiarlicenciatura en ciencias naturales, en la que también filmado En el momento de la entrevista, trabajaba como asistente de investigación. trabajador en una universidad. Tu compañero también es científico, que está empleado como asistente de investigación en el momento de la entrevista y en su habilitación está trabajando. El Par tiene uno carrera doble. Mujer y el Sr. Lehnert se juntaron al final de sus estudios, lo que hicieron casi al mismo tiempo completo, cumplido. En el momento de la entrevista, la relación de pareja colgado durante unos quince años. están casados y tienen dos Niños menores de diez años son.

La Sra. Lehnert está buscando el mismo lugar que su pro- renderizado de películas pareja primero uno adecuado Trabajo y Doctor con una beca. A diferencia de su pareja, la Sra. Lehnert recurre a la promoción de el ciencia fuera y está buscando un trabajo en el científico área relacionada con el negocio. Ella toma una posición que es interesante en términos de contenido. no bastante de ellos calificación es equivalente a, pero después algun Tiempo indefinidamente se convierte en Después del nacimiento de los niños, la Sra. Lehnert pierde van de su empleador este empleo. Luego ella va sobre dos años de permiso parental y da otro giro hacia la ciencia ciencia. Solicitó con éxito una beca de posdoctorado que su permite el reingreso científico, y funciona como un científico Empleado científico en proyectos de investigación cambiantes. el contractual la duración de las actividades académicas es tanto antes como después promoción bastante corto (bajo tres años). En el contraste además es Señor Lehnert
– con la excepción de una breve fase de desempleo inmediatamente después grado –

continuamente en ciencias sin cambiar de carrera ocupado. Despúes Diploma el disertación acepta él uno Trabajo en el En el extranjero y se desplaza a su lugar común de residencia. Cuando la pareja espera un hijo él regresa volver al lugar común de residencia. El Sr. Lehnert trabaja como científico Empleados y comienza su habilitación Mientras en de la familia del Sr. Lehnert, ninguno de los padres tiene un título académico en la familia de la Sra. Lehnert, el padre tiene un título académico. La división del trabajo entre los padres de la Sra. Lehnert se caracterizó por una división tradicional del trabajo y desempleo de la madre. También el coraje ter del Sr. Lehnert era el único responsable del cuidado de los niños, fue al mismo tiempo ella sin embargo a tiempo completo empleado.

4.5.4 *historia profesional y estructura social caso 4*

Mujer Thiel es pobre 40 Años viejo y nueve Años más joven como su Pareja. Ella tiene dentro de las ciencias técnicas su título universitario y su Doctorado adquirido. Su cargo como consejera académica, que ella punto de vista en el tiempo y en el que ella habilita, ha sido recientemente indefinidamente estado. Su socio también es científico técnico con un doctorado. Para el hora de la entrevista uno empleo en uno sector privado empresa tiene. La Sra. y el Sr. Thiel se conocieron unos años después estudio de graduación de Mujer Thiel reunió. A esta vez tiene El Sr. Thiel ya tiene un doctorado. En el momento de la entrevista, la pareja dibujando durante unos diez años. La pareja está casada y tiene un hijo, el menores de diez años es.

Después de completar sus estudios, la Sra. Thiel trabajó inicialmente durante algunos nate en una gran empresa del sector privado. Después de eso cambia ella va a la universidad y trabaja como asistente de investigación. Eso es son sus posiciones en la ciencia antes y después de su doctorado limitados, pero sus contratos de trabajo son de duración comparativamente larga. ya es de ella primero ocupación en el la ciencia va más de cinco años, y su puesto de posdoctorado se estabiliza antes de completar su habilitación. Ella también recibe apoyo de su supervisor de doctorado después de su doctorado. Durante el permiso parental de dos años, su empleador le permite puede continuar trabajando científicamente y "permanecer en la pelota". En comparación a la carrera profesional ininterrumpida de la Sra. Thiel, la profesional corrida del compañero más polivalente. Después de un breve período de desempleo inicia su carrera profesional con estudios de posgrado, tras los cuales Graduado de una posición como asistente de investigación. Esto cae en el período anterior al comienzo de la relación con la Sra. Thiel.

Después uno de nuevo, casi un año de paro, se cambia a el sector privado y desde entonces ha trabajado para varias empresas. El primeros años de la relación ambos viven y trabajan en dos cosas diferentes ubicaciones. Durante este tiempo, el Sr. Thiel viaja a su oficina varias veces al mes. pareja. Incluso antes de que la Sra. Thiel quedara embarazada, su pareja cambió el empleador y se muda a la misma ciudad. Los padres de la Sra. Thiel tienen sin educación superior. Ambos estaban empleados continuamente; La madre primero en tiempo parcial, más tarde también en tiempo completo y con tareas de gestión. En la familia del Sr. Thiel, trabajaba continuamente sin cargos administrativos. padre trabajador un título académico. La madre trabajó hasta Para el duodécimo año del Sr. Thiel no.

5. Consecuencias de la diferente interdependenciaarreglos para individuos y carreras duales

5.1 Introducción: El mito de la carrera

Como se explica en el segundo capítulo de este libro, los científicos y científicos en asociaciones académicas género específico Oportunidades para arreglos de doble fuente de ingresos y de una o una sola fuente de ingresos. La pregunta en este capítulo es hasta qué punto tal interdependencia ter, por un lado, sus propias oportunidades de carrera y, por otro lado, las posibilidades de influir en la realización de carreras duales. entonces se trata de la pregunta ge, en qué medida más allá de una "mera" participación en el conocimiento de la vida laboral trabajadores y su Socios en el Posición eran, posiciones profesionales para lograrlo correspondía a las inversiones educativas realizadas y perspectiva sobre el desarrollo profesional (posterior) (cf. Capítulo 1 de este Un libro). ¿Son los científicos profesionales exitosos? cher (es decir, es más probable que tengan una carrera) si solo están en la sociedad uno empleo ¿buscar? Y cerca temporario Solo-o. arreglos de un solo trabajador inevitablemente más tarde carreras duales ¿fuera de? En el respuesta este Preguntas debería simultáneamente en el literatura común Explicaciones para la realización o fracaso de carreras duales en el Banco de pruebas ser preguntado.

Como mito y a la vez como realidad institucional, la carrera garantizar una conexión constante y a largo plazo con el mercado laboral necesidad, junto con la oportunidad de obtener el apoyo una persona más en el "frente doméstico" completamente suyo poder dedicarse a la propia profesión y al desarrollo profesional (cf. Beck-Gerns- hogar 1983; Genen 1994; Moen/Roehling 2005):

"(...) la mística de la carrera requiere dos condiciones: (1) una economía en expansión con o al menos trayectorias ocupacionales seguras, y (2) trabajadores con otra persona: un trabajador a tiempo completo ama de casa: para proporcionar respaldo en el frente doméstico. Hoy, estas dos condiciones son rara vez reunió ya sea para hombres o mujeres". (Moen/Roehling 2005: 9)

Si esto se asume para todas las ocupaciones altamente calificadas, se puede suponer que eso el Necesidad, sí mismo este mito adaptar en campos profesionales con carreras largas y más inciertas como la ciencia más fuerte disponible es. Porque el abrumadoramente temporario empleo relaciones por debajo de la cátedra y el profesional relativamente limitado alternativas después de muchos años de empleo en el sistema científico la presión sobre los científicos aumenta, por un lado espacialmente flexible utilizar las opciones existentes y, por otro lado, ser flexible en términos de tiempo y con alta intensidad del tiempo de trabajo varios indicadores de éxito (como publicaciones mentos financiación de terceros, gestión de proyectos, experiencia en la enseñanza) a atender, alrededor este requisitos de la carrera justo a convertirse o. el

"Mito de pura sangre y científico a tiempo completo" mantener (Construcción 2003: 243). Entonces tener éxito el vocación en uno cátedra y permanecer en la academia no lo es, los científicos son debido a las largas fases de calificación, por lo general demasiado mayores para steiger/innen (con experiencia profesional exclusivamente en investigación y docencia) para encontrar un trabajo fuera de la comunidad científica (Room/Krimmer/mozo de cuadra 2007: 104).

De acuerdo con este mito de la carrera, esos científicos y científicos mejor Oportunidades profesionales tener, el uno años conexión en el mercado laboral espectáculo poder y cuyo profesional Desarrollo y disponibilidad operacional a través de uno no empleo el socios fue "apoyado". Científicos en un solo ingreso por lo tanto, los arreglos deben tener ventajas sobre sus colegas en doble tener arreglos de ganancias. [1] En cambio, la carrera de científico y científicos en sociedades de un solo ingreso,

es decir en arreglos entrelazados, en aquellos ella ser anhelo etapas el no empleo tenía, particularmente en peligro ser. Este suposiciones son alimentados por la observación de que las carreras en ciencias están (todavía) moldeados por expectativas que muy a menudo tipo ideal uno "masculino biografía normal" recurso (ver. verde 1994; Moen 2010) (cf. capítulo 1 de este libro), es decir, a una estilo de vida equilibrado con una biografía profesional sencilla y sin fisuras. La pregunta de este capítulo es hasta qué punto estas suposiciones pueden ser confirmadas así como por qué y cuándo (bajo qué condiciones) carreras duales den- aún posibles son.

---

1 En este capítulo, la interdependencia de larga data término de la historia laboral de los científicos y sus socios aquellos solo el científico o. el científico empleado es (ver. Sección

5.3 así como Capítulo 2 en este Un libro).

Consecuencias de diferentes arreglos de interdependencia

5.2   *carreras duales – el mito de la carrera Para el A pesar de*

En la carrera dual, las parejas tienen -según el mito de la carrera y el asumida "biografía normal masculina" - en realidad ambos socios solo oportunidades limitadas para cumplir con los requisitos de carrera anteriores son equivalentes a. sin embargo tener ella él hecho, eso ambos pareja no

están "solamente" empleados (en el sentido de parejas con doble ingreso), pero también Avance profesional adecuado a la edad y calificaciones, en algunos casos hasta liderazgo o primeras posiciones en su respectivo profesiones, alcanzó tener. ¿Cómo se las arreglaron estas parejas a pesar de los desafíos adicionales? coordinando dos carreras y a pesar de la falta de apoyo por un ama de casa / amo de casa no solo uno (o ninguno en absoluto), pero para realizar dos carreras? ¿Por qué no todos pueden hacer esto? ¿Parejas que quieren esto?

Hay varias explicaciones para esto en la literatura, que diferentes posibilidades de las parejas debido a sus constelaciones de pareja (es decir, la combinación de características individuales de los dos socios), (no-) Enfatice la responsabilidad por los niños y los arreglos de vivienda. La vista en el *par de constelaciones* es en vista del mito de la carrera, entre otras cosas interesante porque incluso las parejas con dos asalariados se sienten obligadas a hacerlo podría dar prioridad al desarrollo profesional (ver Capítulo tel 4 en este libro) para que uno de los dos socios tenga una carrera en absoluto puede darse cuenta Los hallazgos de investigaciones existentes en realidad indican que eso ser en parejas de doble ingreso porque de movilidad y o Requisitos de disponibilidad de las dos actividades profesionales así como por el formar una familia frecuentemente el profesional Desarrollo de un socio –a menudo el hombre, a quien se le da prioridad (cf., por ejemplo, Ackers 2004; Bathmann/Müller/Cornelissen 2011; Becker/Moen 1999; Boyle etc. Alabama. 2001).

Sin embargo, también hay hallazgos en la literatura para otros socios estrategias de carrera académica. Por un lado, hay una forma más "individualista" estrategia de esquema, con la cual ambos socios relativamente independientemente el uno del otro sus Seguir carreras y ambas para corresponder al mito de la carrera (masculina) probar (por ejemplo, Bathmann/Müller/Cornelißen 2011; Dettmer/Hoff 2005; mijo/Herma/Schneider 2005).

Por otro lado, las parejas también persiguen una relación "igualitaria" o colectiva. estrategia familiar en la que ambos socios están dispuestos a trabajar juntos vivir recortes y compromisos en relación con su propia carrera llevar. Con este arreglo, puede haber restricciones en ambos re venir, porque el potencial de carrera a favor de el Familia no estar exhausto. También son responsables de esto, sin duda, los muchos diversos requisitos "antiasociación" de las carreras profesionales (o el mito de la carrera), así como el *hacer institucional de género* , es decir, el desigual Expectativas y reacciones en el profesional y mente de compromiso familiar de hombres y Mujer (ver. Bathmann/Müller/Cornelissen 2011; Becker/Moen 1999; Behnke/Meuser 2005; Mijo/Herma/Schneider 2005).

Por un lado, se justifica la búsqueda de diferentes estrategias los conceptos de género, relación y crianza (cf. Bathmann/Mül- ler/Cornelißen 2011), así como los conceptos de carrera de las parejas o ambos pareja (ver. Capítulo 3 y 4 en este libro). Por otra parte influencia también el equilibrio de poder entre los socios, la gestos en el Par y con eso el condiciones de realización de carreras(cf. Sangre/Wolfe 1960).

El literatura a economía doméstica justificado decisión de empleo procesos de formación en parejas (cf. Becker 1991; Ott 2001) sugiere *que Las diferencias en los ingresos* reducen significativamente la posibilidad de doble ingreso y Influir en los arreglos de doble carrera. Su realización es ante todo en peligro si los socios ganan cantidades diferentes. dado las ganancias que se pueden obtener de un trabajo mejor pagado, ya sea, según el argumento, en interés de ambos socios, esta ganancia maximizar la situación, ya sea creando un empleo lucrativo a favor el otro en el par se abandona (por ejemplo, cuando se mueve o cuando nacimiento de hijos) o incluso si trabajan dos personas los requisitos y el desarrollo profesional de los mejores se da prioridad al compañero de servicio. A una conclusión similar lucha venir también intercambio teórico modelos – volver en Blood and Wolfe (1960): Aquellos en la sociedad tienen más recursos tiene, por lo tanto tiene una mayor asertividad por sí mismo profesional Intereses (ver. emerson 1976; Capucha 1983). como consecuencia poderse formule la expectativa de que se dupliquen las carreras con mayor Probabilidad de parejas de "igual ingreso" (es decir, ambos socios tener a similar Ingreso) como de parejas con ingreso divorciado comprendió puede llegar a ser.

En estos enfoques teóricos, la maximización de la utilidad o la basado en recursos procesos de negociación genero neutral conceptual ted. Es decir, independientemente del género, la pareja o socio debe más capaz de llevar a cabo su / su profesional derecho de retención Intereses hacer cumplir – bajo circunstancias también en Costos el carreras diferentes y, en consecuencia, una carrera dual. Una serie de sirve, sin embargo, que una mejor posición negociadora del socio no en la misma medida una renuncia o limitación de desarrollo profesional del socio (cf. Bielby/Bielby 1992; Jürges 2006; Shauman 2010). Teniendo esto en cuenta, para la relación ingreso ción en las asociaciones, se formula una segunda expectativa: doble carrera son antes todo en parejas en peligro, en aquellos el Hombre (Conocimiento-

estafador o Pareja) más ganado, mientras ella en uno mismo o incluso mayores ingresos de la mujer son más exigibles.

De manera similar, la *constelación de edad* en la pareja schaft - y la (al menos potencialmente) brecha de carrera asociada si los socios no tienen la misma edad - para la realización de carreras duales desempeñar un papel. Es decir, en sociedades donde los socios son de diferentes edades, la pareja mayor podría tener una ventaja profesional tener. Es empírico y normativo - incluso para parejas altamente cualificadas- generalmente el hombre es mayor que la mujer (cf. Rusconi/Solga 2007; Solga/Rusco- ni/Krueger 2005). [2] El argumentación Para el Conexión de ingreso diferencias humanas y arreglos de carrera en asociaciones siguiente, podría el más viejo pareja (o. si disponible, el más viejo pareja) mejoren el Posición ser, el propio profesional Intereses en el camaradería hacer cumplir. Pero también para la constelación de edades, estudios anteriores muestran investigaciones que no representan una relación puramente temporal y de género neutral (cf. Rusconi/Solga 2007; Solga/Rusconi/Krüger 2005). Más bien es partir de conceptos de edad codificados por género, de modo que sea de Significado es, OMS – Hombre o Mujer – más viejo es. Y entonces espectáculo ya los análisis en el segundo capítulo de este libro de que los arreglos de doble ingreso gements algo más frecuentes por parejas con una constelación de edad atípica se puede realizar, es decir, por parejas en las que las mujeres (científicos mujeres o parejas) son mayores que sus maridos. En este capítulo debe examinarse en qué medida utilizan su ventaja de edad para la real de carreras duales usar poder. Porque de Afinación Dificultades para alinear los requisitos de carrera (similares) mentos, también se puede formular la expectativa de que las personas de la misma edad Es menos probable que los socios tengan carreras duales en general a y en el Ciencia en el especial tener como parejas con unoDiferencia de edad. La pregunta de fondo es: ¿Hasta qué punto es una equiparación relacionada con la edad de los requisitos profesionales para el doble carreras, y este es particularmente el caso cuando ambos pareja uno carrera científica darse cuenta ¿desear?

También se sabe que la transición de una sociedad a una Familia (con hijos) desarrollo profesional de mujeres y hombres influenciado de manera diferente (ver el Capítulo 3 de este libro). Esto es debido a una de las expectativas sociales y atribuciones de rol que por parte de las mujeres (interiorizado o por falta de opciones de apoyo externo) conducen a asumir la responsabilidad principal de los *niños* que algunas mujeres interrumpan sus compromisos profesionales o para reducir (debe). Otras mujeres no usar de todos modos

---

2 También se encontró en nuestra población de estudio que los científicos varones son mayores como su socios eran, científicos pero más joven como su pareja (ver. Kapiteléfono 1 en este Un libro).

en realidad tienen la responsabilidad principal y, por lo tanto, tienen una "doble carga": ya sea debido a un reclamo no igualitario sobre la pareja sociedad o porque tienen dificultades, también su reivindicación igualitaria alrededor- o llevar a cabo a poder (ver. Capítulo 3 en este Un libro; Hess/ rusconi 2010). Este Doble carga poder a uno Desventaja para su liderar el desarrollo profesional. En segundo lugar, las mujeres en general puedeny las madres en particular, independientemente de la organización real y responsabilidad por el cuidado de los niños a través de procesos de Discriminación (cf. p. ej. Inglaterra 2005) por parte de sus empleadores en sus el desarrollo profesional se ven obstaculizados, si no obstaculizados. Esto es Este es el caso, por ejemplo, cuando colegas hombres o colegas sin hijos únicamente sobre la base del rendimiento cuantitativo, pero no cualitativo características de las promociones o la asignación de tareas de gestión contra ser preferible a las madres. Esto podría conducir al doble parejas de sirvientes con niños porque el potencial restricciones el Carrera el Mujer (Científico o pareja) menos en el Posición son para realizar una carrera dual. Eso se examinará a continuación. ser.

Además, hay algunas pruebas de que el trabajo y la vida familiar son son particularmente difíciles de reconciliar con la ciencia (cf. Lind 2008; Metz-Göckel/Selent/Schuermann 2010). Por ejemplo, las mujeres científicas por ejemplo debido a perspectivas laborales inseguras y empleo liendre más a menudo No Niños como graduados universitarios en general (Metz Göckel/Selent/Schuermann 2010: 19). Por un lado, el miedo a desventajas en sus carreras, muchas científicas cancelarlo o posponerlo (cf. Lind 2008). Por otro lado sentir antes principalmente madres, pero cada vez más también padres en su desarrollo profesional en desventaja por parte de colegas y superiores (cf. Lind 2008). Hacia- después podría esperarse que las parejas en las que ambos miembros de la pareja Ciencia empleado son, menos común carreras duales con niños darse cuenta pueden como parejas ocupacionalmente heterogéneas. Por otra parte, análisis anteriores s que parejas con antecedentes ocupacionales heterogéneos trabajan en la academia concebida como la que mejor se puede combinar con la puericultura es - y con esta justificación, la tarea entonces era principalmente la

científicos a (ver. Hess/Rusconi 2010;
Hess/Rusconi/Solga 2011a). semejante Estereotipos de
genero atribuciones de Horas Laborales-o la flexibilidad
de la ubicación del trabajo son menos posibles en las
parejas académicas porque aquí ambos socios ejercen la
profesión (supuestamente) más flexible. como
consecuencia podría esperarse alternativamente que las
carreras de madres y Hablando de eso, es más probable
que las carreras duales con niños sean académicamente
homogéneas. en parejas ocupacionalmente
heterogéneas comprendió puede llegar a ser.

Finalmente, una carrera académica o probatoria como
científico descendencia frecuentemente el estilo de
vida uno flexible y solteros móviles (cf. Metz-
Göckel/Selent/Schürmann 2010) o un soltero patrones
de ingresos de las parejas (cf. Geenen 1994).
Especialmente para académicos La movilidad
geográfica es un factor importante para las personas
con educación mixta parte de las carreras profesionales,
para que los académicos moverse en promedio a
menudo (cf. Becker et al. 2011; Büchel/Frick/Wit- te
2002; cortador etc. Alabama. 2008). Este requiere de
alto calificado parejas

– que quieren realizar carreras duales, a
menudo que pueden usar multi-local más arreglos de
vivienda con este requisitos de movilidad Paso sostener
y por lo tanto una especie de "duplicación del modelo de
carrera 'masculino'" lograr
(Bathmann/Müller/Cornelissen 2011: 131f.). Hasta ese
punto ver- No es de extrañar que las parejas académicas
con mayor frecuencia (que otros grupos educativos)
pen) viven en arreglos de vivienda multilocales que se
ven privados de los desplazamientos diarios, Viajes de
fin de semana a acuerdos de convivencia (LAT)
suficiente (cf. Schneider et al. 2008). Estos arreglos de
vivienda sirven para mantener o posibilitar la carrera
profesional de ambos socios (cf.

Schneider/Limmer/Ruckdeschel 2002). Además, surgen una mayor movilidad espacial y la multilocalidad resultante calidad de coexistencia también fuera de el profesional incertidumbre porque de contratos de duración determinada (cf. Becker et al. Alabama. 2011; Schneider y Alabama. 2008).

Incluso si los arreglos de viviendas multilocales permiten la realización de dobles pueden apoyar carreras de mascotas, a menudo se asocian con un tiempo considerable, costos financieros y emocionales (cf. Rhodes 2002; Schnei- der/Limmer/Ruckdeschel 2002). Además, cada cambio de carrera puede estar vinculado a la movilidad geográfica, de modo que exista un alto nivel de flexibilidad en la Se requieren arreglos de alojamiento por parte de las parejas. no son parejas ahora dispuesto a vivir en residencias separadas (LAT o desplazamientos de larga distancia) puede Esto conduce a limitaciones en las oportunidades profesionales para uno o ambos socios principales (cf. Jürges 1998a, b). Un gran número de estudios muestran contribuir al hecho de que las mujeres tienen más probabilidades de tener sus lugares de residencia y trabajo en la movilidad Alinee las demandas del hombre en lugar de al revés, ya sea como "avanzar". Socio (motor vinculado) o propiedad local (permanente vinculado) (cf. Bielby/Bielby 1992; libro 2000; Büchel/Frick/Witte 2002). [3]

Debido a las relaciones laborales predominantemente temporales, la mitad de la cátedra en la universidad alemana o el sistema científico también como la diferente distribución (específica de la disciplina) de los más largos Estancias en el extranjero (por ejemplo, como posdoctorados; cf. Hess/Rusconi/Solga 2011a; Zimmer/Krimmer/Stallmann 2007) como componente uno carrera científica

---

3 Si esto también se aplica a las mujeres con educación académica y a las parejas en general, se podría Estudio sobre mujeres científicas naturales e ingenieras con doctorado (con actividades dentro mitad y fuera de la ciencia), sin embargo, muestran que ninguna de estas mujeres después de la La promoción correspondió al tipo "tied stayer" o "tied move" (Becker et al. 2011: 49f.). Un domicilio común con sus parejas ha sido entre un gran número de estas mujeres a través de anhelo a diario tiempos de viaje permite o. mantener.

bahn, es de esperar que los arreglos de vivienda multi-locales - como larga distancia (es decir, más de un viaje diario al lugar de trabajo de uno o incluso en el Pareja) o arreglos LAT (es decir separado Lugar de residencia) – en las asociaciones académicamente homogéneas son más a menudo la realidad de las parejas que en campo ocupacional heterogéneo parejas Además podría en parejas de ciencia
arreglos de vivienda "inmóviles", es decir, vivir en una comunidad Lugar sin desplazamientos o con desplazamientos diarios máximos, con mayores Desventajas para carreras duales que para campos ocupacionales heterogéneos parejas
Además, se puede suponer que los socios en parejas científicas tienen que cambiar su lugar de trabajo con más frecuencia que aquellos que trabajan fuera de ciencia. Esto puede conducir a una mayor dinámica de arreglos de vivienda. conducir al primero. En cuanto a la influencia de diferentes dinámica de movilidad poder opuesto Expectativas formulado convertirse en:
(a) Dinámicas de movilidad que no infra- o incluso permitir la combinación (es decir, una mejora) chen, llevar carreras duales. (b) profesional Movilidad, el con uno cambio o deterioro del arreglo de vivienda está conectado, poder el Peligro aumento que se pone a disposición de una carrera, y por lo tanto también

reducir la posibilidad de una doble carrera.

Estas diferentes hipótesis sobre la influencia de las constelaciones de pares mentos y arreglos de interdependencia sobre el éxito profesional de las mujeres y el realización de carreras duales convertirse en el siguiente examinado. Con este fin, primero se presenta descriptivamente en qué medida las científicas y los científicos pudieron lograr una carrera y si esto se realiza en el marco de acuerdos de carrera simple o doble convertirse. En un segundo paso, la importancia de las interdependencias a largo plazo patrones de relación en las sociedades. Aquí el mito de la carrera puesto a prueba, y habrá respuestas para ambos inicialmente preguntas formuladas: ¿Hasta qué punto los científicos senschaftler profesionalmente más exitoso si solo usted en su asociación empleo ¿buscar? Y en qué manera límite temporario Solo- o arreglos de un solo trabajador más tarde oportunidades de doble carrera? en uno tercer paso, las hipótesis sobre el significado de las constelaciones de pares laciones acerca de Ingreso, Edad, Estar disponible de niños y arreglo de vida comprobado.

5.3 **Métodos**

base de datos este capítulo son el estandarizado curso de vida entre puntos de vista el científicos así como (apartado) de ellos Socios. Con él sólo se incluyen en el análisis aquellos científicos para quienes un La entrevista del socio está disponible (cf. capítulo 1 de este libro). allí en Este capítulo se centra en las consecuencias de los acuerdos de enredo en Pareja y la influencia de las constelaciones de pareja para la realización de carreras individuales y duales, solo aquellas ciencias se tienen en cuenta quienes hayan completado al menos el último año de la observación período (ver más abajo) con este socio eran. [4]

Como periodo de observación para el patrón de entrelazado convertirse el Fase de vida seis a doce años después del primer grado científico. La selección de este el tiempo lo permite, las carreras profesionales de los socios más jóvenes (y rara vez socios más jóvenes) de los científicos que debido a su edad, más tarde que los científicos recibieron su primer grado grado (cf. Sección 5.4). Junto a los que se utilizan aquí definición de carrera y empíricamente en el mayoría el cuestionado Conocimiento- schaftler/innen son los primeros seis años después de la Promoción, así como en torno al período en el que la mayoría de los encuestados su primer hijo (ver Tabla 1.2 en el Capítulo 1 de este libro). Así es una fase muy crítica en la que la mayoría de los científicos (debe) preparárse para la transición a una cátedra y en el ámbito profesional y las demandas familiares pueden chocar fuertemente. Desde muy pocos los investigadores que (todavía) no han obtenido su doctorado han sido observados durante tanto tiempo eran generalmente (para evitar efectos de selección) de la secuencia análisis excluido. El multivariante analiza para individual y Carreras duales (en ese momento doce años después de la graduación) por lo tanto, también solo se refieren a aquellos que tenían un doctorado en el momento de la entrevista científicos y profesores.

Como se discutió con más detalle en el primer capítulo de este libro, la parcial la participación en la vida laboral no es una característica suficiente para la presencia una carrera; los factores decisivos son el contenido de la actividad y la perspectiva en uno profesional (más) desarrollo.

Para científicos y Socios convertirse basado el información fuera de su entrevistas el Lograr una carrera como posición profesional dentro o fuera de ciencia operacionalizada que coincida con sus calificaciones e instituciones funcional Viejo correspondido [5] Basado en eso convertirse carreras duales como

---

[4] El 10% de los científicos con doctorado (incl. profesores) fueron eliminados del análisis se excluyó porque todavía estaba soltero o con otra pareja en ese momento. ner juntos eran.

[5] Para las carreras académicas se consideran indispensables los doce años posteriores a la graduación. recriteria el ejercicio de actividades altamente cualificadas o el cargo de científico empleado (incl. becas), el doctorado y la asunción de responsabilidad a nombrar (consulte Capítulo 1 en este Un libro).

tales constelaciones de empleo se definen en las que ambos socios gene tiempo un - en los sentidos que acabamos de mencionar – tenía una carrera.

Basado en la información proporcionada por los científicos y sus socios. en sus actividades, la respectiva interdependencia Arreglos de historiales de empleo en las sociedades reconstruidas (por uno Descripción el aplicado Secuencia- y método de conglomerado ver. Capítulo 2 en este Un libro). El análisis el patrón de entrelazado el Historiales de empleo en sociedades mostradas para el período seis a doce Años después estudio de graduación junto a el cuatro ya conocido inspeccionar (único y único asalariado así como académicamente homogéneo y ocupacional arreglos terógenos de doble ingreso; ver el Capítulo 2 de este libro) dos otros patrones que no pueden ser discutidos en detalle aquí. [6] Cómo ya discutido en detalle en el segundo capítulo de este libro, también muestra para este período que las mujeres científicas significativamente más frecuentemente que las suyas masculino Colegas en científicamente homogéneo asociaciones vivido (29% vs. 12%), es decir, ambos socios eran activos en el campo científico. [7] Además, los arreglos de un solo trabajador se debieron a una larga gene no empleo más a menudo en científicos a encontrar (14,5% frente a 1% de científicos). [8] Por otro lado, se hicieron cargo sustancialmente el papel de único sostén de la familia con menos frecuencia que sus colegas masculinos (5% frente a 32%). Apenas existen diferencias de género en la difusión de la ocupación Sociedades de doble ingreso heterogéneas en el campo, es decir, parejas en las que el Científicos dentro y sus socios fuera de la ciencia eje empleado eran (27% el científicos y 30% el Conocimiento-estafador).

Para el análisis de la influencia de las constelaciones de pares en el azar Doce años después de graduarse, el respectivas constelaciones un año antes. los *ingresos diferencias* en la pareja se agruparon en tres categorías: "Igualmente diferentes Las parejas de sirvientes son aquellas en las que ambos miembros de la pareja ganan aproximadamente lo mismo diez, mientras que en la categoría "científico más" los socios algo menos hasta significativo menos como el científicos ganar

6   Por un lado, esto incluye un pequeño grupo de científicos (3%) que de este periodo fue con la actual pareja, pero en los seis años antes vivía principalmente como soltero o tenía una pareja que no era la pareja actual es. Por otro lado, había un grupo mucho más grande (21%) cuyo periodo de observación corta como el seis Años era (en el mediana 31 Meses).

7   cuantitativo descripciones convertirse acerca de de género, el Nivel de carrera y Las disciplinas se ponderan de modo que, según lo dispuesto en el plan de muestreo (cf. Capítulo 1 en este Un libro) – siempre a mismo Comparte representar son.

Mujeres científicas en sociedades de un solo ingreso estaban en el período de observación en mediana 45 Meses no empleado, es decir h mientras pobre tres Cuarto el Hora diez, y viceversa en la categoría "Socio más". 9 en la *edad Tellation* distinguir entre dos categorías que en la asociación - conocimiento empleado o socio – es mayor. Parejas donde la diferencia de edad entre el socios máximo doce Meses fraude, convertirse como "incluso viejo" codificado. La *presencia de niños* se refiere al nacimiento del primer hijo biológico. Eventualmente, los *arreglos de vivienda se dividieron* en cuatro Categorías mostradas:

– "En el mismo lugar" si la pareja vivía en el mismo lugar y una o ambos socios viajaban al trabajo diariamente como máximo (es decir, solo durante el día a la una otro lugar de trabajo eran);

– "Fern commuting (ZP)" si la pareja vivía en el mismo lugar, pero el Científico Para el remoto Lugar de trabajo conmutado y allá para se quedó por varios días/noches;

– "Viajes de larga distancia (PA)" si la pareja vivía en el

mismo lugar pero el Los socios, cada uno con una estadía de varios días, viajaban mientras el científico en Residencia se mantuvo

— "LAT", es decir, acuerdos de convivencia separados, si los socios separado residencias habitadas y trabajadas.

Antes de la importancia de los arreglos de entrelazamiento y las constelaciones de pares mentos para la realización de su propia carrera y carreras duales verificado utilizando análisis multivariados (para más detalles, consulte la Sección 5.5), la siguiente sección describe cómo los científicos los científicos pudieron comenzar sus propias carreras trabajando y cómo esto en el cuadro uno Ocurrió una doble carrera.

5.4   Uno o dos carreras?

Seis Años después estudio de graduación tenía el mayoría el científico y científicas una carrera de acuerdo con lo anterior definición de carrera. Esto fue un poco más común entre los hombres que entre los hombres. Mujer (79% contra 69%). científico y científicos bajo- difería mucho más en qué constelación de asociación se dieron cuenta de sus carreras: Es verdad para ambos que una doble carrera constelación el más común acuerdo era (43% o. 51%; Ilustración 5.1), pero mientras que más de las tres cuartas partes de las mujeres científicas con una carrera Parte uno pareja de doble carrera era, eran él en el masculino Colegas

---

8   Las constelaciones de ingresos y vivienda se basaron en la información proporcionada por el científicos sobre la relación de ingresos y el arreglo de vida en la sociedad mientras de ellos a hacia tiempo ejercido Tarea codificado

9

solo alrededor de la mitad (77% frente a 55%, no se muestra). En contraste con se dio cuenta de más de un tercio de los científicos, pero sólo el 15% de sus colegas una carrera en un arreglo de una sola carrera. Además realizado en casi una cuarta parte de las mujeres científicas, pero solo el 10% de sus colegas sólo el socio crea una carrera. En suma, esto significa: Si las mujeres en sociedades tienen una carrera, entonces por lo general "común sam" con el compañero. Para los científicos, sin embargo, esto es mucho menos frecuentemente el Caso.

Otra clara diferencia entre científicos y científicas senschaftlerinnen consiste en las razones de una carrera perdida. El masculino científico sin Carrera (seis

Años después grado finalizando) eran abrumadoramente empleado o becarios (81%). El significa que estaban empleados, aunque no (según el definición de carrera definida) apropiada a la educación y la edad. Por ejemplo, tenían forma aún No Promoción. En el científicos sin Carrera en cambio, sólo algo menos de la mitad estaban empleados (49%). tu carrera perdida se fueron con más frecuencia que sus colegas desempleados a lo largo de. 10

10 Una cuarta parte de estos científicos (pero ninguno de sus colegas que no son de carrera) estaban en licencia de maternidad Otro 10% de los científicos sin carrera estaban desempleados; el los suyos se dedicaban a otra actividad (por ejemplo, más estudios) (16% de las mujeres y 8% el Hombres sin Carrera profesional).

Vemos lo mismo con nuestros socios: casi el triple muchos pareja Cómo socios sin Carrera eran empleado (sesenta y cinco% contra 23%). Una de las razones de esto fue que el doble de parejas femeninas que El socio aún no ha obtenido un título académico en este momento (19 % frente a 9 %) - y, por lo tanto, aún no tienen/inician una carrera podría. La causa está, entre otras cosas, en la pareja típica de la edad. elección: los hombres eran en su mayoría mayores que sus parejas. El Socios que aún no tienen un título académico en este momento eran en promedio 5,5 años más jóvenes que sus parejas. Como con la ciencia Sin embargo, también se puede observar entre los socios que falta de carrera entre las mujeres con más frecuencia que entre los hombres sin empleo conectado es. 11

Incluso doce años después del primer grado, la mayoría de los La gran mayoría de los científicos tiene una carrera (86% y 73% respectivamente). Una vez más, es evidente que las mujeres científicas siguen sus carreras realizado principalmente en el marco de un acuerdo de doble carrera: Bei casi las tres cuartas partes de las mujeres científicas con una carrera tenían a su pareja también tienen una carrera, mientras que menos de la mitad de sus pares tienen gen con carrera fue el caso (72% vs. 47%, no mostrado). Aunque la ciencia científico y científicos a este tiempo incluso algo tenían una carrera ellos mismos con más frecuencia que seis años antes, el doble Las asociaciones de sirvientes ya no son las más comunes para los hombres científicos constelación profesional (40,5 % frente al 53 % de mujeres científicas; ción 5.1). En este momento, los científicos ahora (si también escasa) la constelación de una sola carrera, en la que sólo ella misma tiene una carrera tenía (45%). En el científicos vino esto constelación solo medio entonces frecuentemente antes. constelaciones de una sola carrera, en aquellos solo el Parte- los ners tenan una carrera, para los hombres cientficos el excepción, mientras que todavía están de acuerdo con alrededor del 16% de sus colegas pantano. Esto demuestra una vez más que las carreras científicas están predominantemente compuestas por mujeres suficiente como parte de de carreras duales tener lugar y carreras duales – dentro y fuera de la ciencia, principalmente debido a la falta de uno Carrera de científicos o socios fracasan.

A diferencia de seis años antes, tanto los científicos hombres y mujeres científicos sin carrera en su mayoría empleados, si también no educativo y edad apropiada (96% o. 72%). [12] Entonces teníaella Por ejemplo aún No promoción o No deberes gerenciales. En

---

[11] Una cuarta parte de los socios sin carrera (pero no socio) estaba de baja por paternidad. Alrededor del 11% de los socios y el 9% de los socios estaban desempleados, los demás se fueron a otras actividades diez después (23% el Mujeres y 18% el Hombres).

12 Otro 15% de los científicos, y de nuevo ningún colega, estaban de baja por paternidad. El 11% de los científicos (y ningún colega) estaban desempleados. Los demás completos diez a adicional Estudios.

las parejas masculinas sin carrera también eran más de tres cuatrocientos teléfono empleado, en el socios sin embargo menos como el medio (77% contra 40%). Ahora, sin embargo, el estudio inacabado ya no estaba dio la causa de ello, pero sobre todo la licencia parental. 13

En resumen, se puede afirmar lo siguiente: científicos y científicas correr en asociaciones eran por un lado relativamente exitosa, una carrera alcanzar, es decir, lograr un puesto profesional que coincida con sus calificaciones cación y su edad institucional. La gran mayoría de científicos masculinos y femeninos tenían doce años después del estudio servicio de culminación de una carrera. Por otra parte, sólo alrededor de la mitad de los senschaftler/innen con éxito en este "junto" con sus socios a a darse cuenta. El Fallar de carreras duales se debió principalmente la falta de una carrera para las mujeres, ya sea por falta de empleo (sobre todo con los socios de los científicos) o porque la El puesto de trabajo no era apropiado para la educación y la edad (especialmente en el caso de científicos).

Sin embargo, las carreras no se hacen "de la noche a la mañana", son El resultado de muchos años de desarrollo profesional - que también está en el la mayoría de los hombres y mujeres en una sociedad se lleva a cabo. Qué Arreglos entrelazados de las trayectorias profesionales Los científicos y sus La práctica de los socios se discutió en la Sección 5.3 y con más detalle en el Capítulo tel 2 de este libro. La siguiente sección examinará ahora convertirse en, cual Influencia este patrón de entrelazado en la realización de las carreras de los científicos, así como de carreras duales.

5.5 *El mito de la carrera puesto a prueba*

La cuestión de hasta qué punto existieron patrones de interdependencia en los seis años anteriores se practicaron, la probabilidad (definida en el tiempo) de una carrera y de carreras duales influencia, convertirse usando de probabilidad lineal regresiones examinado. [14] El en la foto coeficientes de regresión prensa

---

[13] Porque en ese momento solo un socio no tenia pareja Titulo academico. Alrededor de una cuarta parte de las parejas sin carrera estaban de baja por paternidad (9% de hombres), otro 10% estaba desempleado (6% de hombres), los demás dejaron uno otros actividad (p.ej B. uno más Estudios o Pasantía) después.

[14] Junto a el patrones entrelazados y el par de constelaciones controlar el modelos para otras características que no se discuten en detalle. con los cientificos mentos: cohorte de graduación, disciplina de primer grado, nacimiento en Alemania Oriental u Occidental país, empleo de la madre durante la niñez, educación académica de los padres, Duración de la actividad realizada en el momento, promoción. Para los socios: empleo en el sector público o en el sector privado, empleo de duración determinada se, promoción así como para el homogeneidad de los sujetos en el Par.

dependiendo del arreglo de interdependencia, aumenta la probabilidad de conocimiento 12 años después de la graduación tener una carrera o una carrera dual, que compara la diferente grupos permitidos.

Como muestra la Figura 5.2, los arreglos de doble ingreso no tenían una influencia negativa en la probabilidad de que las mujeres científicas Los científicos para tener una carrera doce años después de la graduación. Científicos masculinos con (en los seis años anteriores) tenían arreglos homogéneos o ocupacionalmente heterogéneos de doble fuente de ingresos tienen las mismas probabilidades de tener una carrera que sus compañeros arreglos de un solo trabajador. El se llama, el empleo o No- empleo de la pareja tenía para el desarrollo profesional del varón derecho de retención científico ni Antes- aún Desventajas. En el Diferencia además disminuido el Solo- así como el acuerdo de ingreso único en Conocimiento- sus oportunidades de carrera. La probabilidad de un na carrera fue con las (pocas) mujeres científicas que había asumido el papel de sirviente, solo la mitad del tamaño de sus contrapartes masculinas Colegas con un solo ingreso y, al igual que con los colegas con doble ingreso preparativos.

Que el desempleo de hombres y mujeres (académicos estudiantes y Socios) uno puede tener diferentes significados o no en la misma medida de apoyo para el desarrollo profesional del otro socio al ser responsable de "asuntos privados". sirve al "frente del hogar", también se usa en la diferencia entre aprender y científicos con temporario arreglo de un solo ingreso claramente. Los (muy pocos) científicos varones que trabajan en el había estado desempleado durante largos períodos seis años antes no solo el doble de posibilidades profesionales que sus colegas con el mismo arreglo, pero también la carrera más alta probabilidad. Este resultado inicialmente contraintuitivo es explicarse por el hecho de que estos científicos dedicaron su tiempo de no empleo,

por ejemplo, para estudios posteriores o una pasantía diez y no - Cómo frecuentemente en ella Colegas – su trabajo debido a de desempleo o licencia parental interrumpida.

Como conclusión provisional, debe enfatizarse que los arreglos de doble fuente de ingresos para hombres y mujeres científicos en comparación con los arreglos de un solo trabajador no son un obstáculo para la realización de sus visual profesional carreras representar. Este es aplicable además para conocimiento- eje homogéneo Cómo campo ocupacional heterogéneo arreglos de doble ingreso. Es decir, científicos que forman parte de una pareja científica pueden realizar su propia carrera tan a menudo como sus colegas, cuyo Socios fuera de de área de ciencias empleado son. Uno conformidad de campo profesional trae entonces ni Ventajas para el propia carrera basada en un "conocimiento compartido" y mejores oportunidades de Apoyo entre socios (ver. Hess/Rusconi/Solga 2011a) aún Desventajas por aumento de la competencia o dificultades de coordinación diez de requisitos profesionales similares. Además, muestra, en particular, re para Hombres –, eso temporario arreglos de un solo trabajador, es decir más extenso Fases de no empleo, no necesariamente un obstáculo de carrera representan, es decir, no cuando están en fases de calificación adicional representar. Desde el paro temporal de mujeres científicas Sin embargo, más a menudo que los hombres con permiso parental o desempleo estaba encuadernado, la biografía profesional "frágil" a menudo los llevó a que ella tiene doce años después Diploma no adecuado ocupado eran.

Si ahora miras desde el individuo a la carrera dual, sin embargo, surge una imagen diferente (Figura 5.2). Por un lado, doble en mucha menor medida que las carreras individuales. ted convertirse en. Para el otros son el diferencias dentro el ambos Grupos de género con respecto a la influencia de los diferentes arreglos de trenzado significativamente menos. Por ejemplo, las mujeres científicas en acuerdos a largo plazo con doble fuente de ingresos una probabilidad muy similar capacidad para carreras dobles como sus colegas, que por fases más largas no empleado o (menos común) el únicos asalariados eran. Considerado positivo, esto significa que, contrariamente a la formulación que se encuentra a menudo en la literatura expectativa - un retraso o interrupción del propio negocio con mujeres científicas que trabajan temporalmente en sistemas tradicionales de ingresos únicos vivir en sociedad no conlleva ninguna desventaja adicional. en negativo Sin embargo, esto también significa que la probabilidad de realización carreras duales, independientemente de la relación dentro de la sociedad arreglo de trenzado – son relativamente pequeños y por lo tanto también el (a menudo laborioso) me) Cumplimiento de arreglos de doble fuente de ingresos a largo plazo ninguno garantizar para carreras duales.

Esta falta de beneficio de la doble fuente de ingresos para arreglos de doble carrera ción es más evidente entre los científicos varones y sus parejas correr. Para los científicos, las carreras duales son asociaciones casi improbables. Las razones de esto están arriba sobre todo restricciones de carrera con sus parejas debido a un no empleo adecuado (raramente debido a la falta de empleo). A encendedor Ventaja de realizar dos carreras en diferentes campos ocupacionales en comparación con parejas académicamente homogéneas también es evidente en los científicos.

Absolutamente sorprendentes diferencias está ahí sin embargo entre hombres y Mujer. científicos en científicamente homogéneo doble Los arreglos de sirvientes tienen tres veces la probabilidad de doble carrera. como sus colegas masculinos. Un género un poco más pequeño. diferencia espectáculos sí mismo para campo ocupacional heterogéneo parejas de doble ingreso, en aquellos él también el científicos y su socios más a menudo logrado uno carrera doble a darse cuenta como el científicos y sus socios Una explicación clave de esto es que las carreras duales en su mayoría fallan debido a la carrera femenina (ver arriba), pero esto entre otras cosas, debido al muestreo aleatorio, menos frecuente entre mujeres científicas que es el caso de los socios. [15] Sin embargo, esto también demuestra grupo seleccionado extremadamente "positivo" de personas, que en más del doble entonces muchos científicos Cómo científicos el carrera doble fracasó porque ella misma no tenía carrera (52% vs. 20%).

---

15 Para poder participar en la encuesta, tenían que estar en una universidad y en un de los cuatro niveles de carrera (incluyendo la cátedra), es decir al menos para el En el momento de la encuesta, estaban empleados en el sistema científico y algunos de ellos tenían por definición uno "Carrera profesional" (ver. Capítulo 1 en este Un libro).

5.6 La influencia de las constelaciones de pares encarreras duales

Ahora surge la pregunta de hasta qué punto los diferentes pares constelaciones la realización de carreras duales para hombres y mujeres influenciado. ¿Cuál de las expectativas formuladas en la segunda sección se puede confirmar y cuales no? Para responder a estas preguntas también entrega, convertirse (apartado para científico y científicos) también estimó regresiones de probabilidad lineal, que dependiendo de la constelación de pareslación de la probabilidad de los científicos para expresar, uno carrera doble doce años después estudio de graduación a tener. dieciséis

5.6.1 Diferencias de ingresos: mismo Dinero = mismo ¿Carrera profesional?

Se fijaron dos expectativas para la constelación de ingresos en las sociedades gene formulado: Para el a uno economía presupuestaria – genero neutral

–   Suposición de que las carreras duales tienen más probabilidades de probabilidad de parejas con "igual ingreso" que parejas con ingresos divorciado comprendió convertirse poder. Para el otros bajo inclusión uno usabilidad desigual de género de los recursos de poder en la pareja, que las diferencias en los ingresos solo aumentan la probabilidad de un doble disminuir si el hombre (científico o pareja) gasta más sirve, no sin embargo si el Mujer (Científico o pareja) a mismo o incluso mayores ingresos.

Para mujeres científicas con ingresos dobles de un campo ocupacional heterogéneo acuerdo aparece sí mismo el primero suposición a confirmar (Ilustración 5.3). Porque la doble carrera es mucho más común con los mismos ingresos como en desigualdades de ingresos en el Par. Mentiras a ingreso diferido, no juega un papel en la probabilidad de una doble carrera No importa si la mujer o el hombre gana más. En ciencia-homogénea parejas de doble ingreso jugar brecha de ingresos sin embargo No Papel para la probabilidad de carreras duales. Una posible explicación ción para el diferente Influencia el constelación de ingresos en homogéneo y heterogéneo Asociaciones de doble ingreso el Conocimiento- Los científicos proporcionan los resultados de un análisis anterior de los datos. En este podría mostrado convertirse (ver. Hess/Rusconi/Solga 2011a), eso en científicos en campo ocupacional heterogéneo asociaciones el Valor de ellos científico Trabajar parcialmente de el socios en cuestión metido

---

dieciséis Junto a el patrones entrelazados y el par de constelaciones controlar el modelos para más Características, en el no cerca recibió voluntad (cf. nota 14).

convertirse. Debido a la inseguridad laboral a largo plazo y la amplia la llamada fase de calificación (un término usado para una persona que no estar familiarizado con el sistema científico puede generar dudas podría, en qué medida es un trabajo "real" en absoluto o más bien es una especie de estudio extendido) podría ser para científicos difícil de hacer cumplir que su carrera reclama y solicita cambios en el campo profesional: las asociaciones heterogéneas reciben la misma para ser avistado. Como resultado, una carrera separada y una doble carrera. ser más factible en estas asociaciones si al menos el venir similar alto es. Porque uno "compartido Actitud" Para el Profesión (ver. Hess/Rusconi/Solga 2011a) podría en parejas de ciencia el A-no tienen o sólo tienen un papel subordinado en los procesos de negociación jugar.

Fuente: registro "Juntos Carrera hacer"; propio cálculos; ponderado Declaraciones

La situación es algo diferente para los hombres científicos. En primer lugar, en asociaciones profesionalmente heterogéneas, existe la probabilidad esencial para carreras duales para parejas con una diferencia de ingresos mucho mayor que para las parejas donde ambos miembros ganan la misma cantidad. El- Este hallazgo, por lo tanto, contradice el supuesto económico presupuestario. Además da él en el incluso mucho ganador parejas aquí ninguno Diferencia entre parejas científicamente homogéneas y profesionalmente heterogéneas. esto pone sugiriendo que el valor del trabajo de los hombres dentro o fuera de el La ciencia no se valora de otra manera así sin embargo en el científicos el caso es (consulte arriba). Hasta ese punto dano existe una percepción neutral en cuanto al género del valor del trabajo. Mucho más ¿Depende esto del género de la persona que realiza el trabajo, así como del de la relación con la ocupación respectiva del socio. Entonces debido a la segregación ocupacional horizontal, masculina y femenina liche pareja el científicos en el diferente profesiones distribuidos desigualmente. [17]

Aunque las diferencias entre los hombres científicos en las sociedades heterogéneas del campo profesional son más grandes, los ingresos relación incluso en el caso de arreglos entrelazados académicamente homogéneos Role. En este último caso, los científicos tenían más que sus socios obtenido, una mayor probabilidad de doble carrera tanto en iguales a sus compañeros, que ganaban lo mismo que sus socios, cuando también a los (pocos) compañeros que ganan menos que sus socios Este hallazgo también contradice la segunda expectativa formulada ción, porque las carreras duales deberían encontrarse con menos frecuencia en aquellas parejas en donde el hombre merece más.

En resumen, ambos supuestos sobre la influencia de los ingresos las diferencias en las asociaciones no se refutan ni confirman claramente ser tomado. Igualdad de ingresos significa, especialmente en socios hombres científicos - no automáticamente un "igual seguridad" de las oportunidades de carrera en la asociación, ni un recurso la desigualdad inevitablemente duplica las carreras, ni siquiera si el hombre obtiene los mayores ingresos. Los hallazgos también muestran que la relación de ingresos antes todo uno role en campo ocupacional heterogéneo parejas obras de teatro, en las que debido a las diferentes profesiones ejercidas, la emergencia necesidad de "trabajo de mediación" adicional o explicación de la permanecer requisitos de la carrera y -logicas consiste (ver. Hess/Rusconi/ Solga 2011a). Esto muestra que en arreglos ocupacionales heterogéneos el científicos bastante en el Posición eran, carreras duales (y por lo tanto, una carrera propia) si son tanto como la tuya Los socios ganaron, mientras que los socios tenían más probabilidades de hacerlo cuando sus Ingresos superiores a los del científico. Esto podría ser una pista garantizar que las negociaciones en las asociaciones sobre y la la percepción del valor del trabajo no es neutral en cuanto al género ni a la ocupación son.

---

17 De los socios empleados (ocupacionalmente heterogéneos) en ese momento, el Los socios de los científicos muy a menudo trabajan como profesores (31% vs. 7% de los socios ner), mientras que los socios masculinos de las mujeres científicas tienen más probabilidades de trabajar en negocios gestión de empresas, consultoría y auditoría (21,5% vs. 5% de los socios) o como in- formateador (26% contra 7%) y ingenieros (dieciséis% contra 4%) estaban activos.

5.6.2 *Constelación de edad: Va el más viejo ¿antes?*

Más allá de los ingresos, la segunda sección se convirtió en expectativa. formuló que las carreras duales son más comunes en parejas con edades atípicas ocurren constelaciones, es decir, en parejas en las que las mujeres trabajadores o Socios) más viejo como su Hombres son. Lo mismo se asumió que una sincronización de los requisitos de carrera con igual asociaciones conducen a una menor probabilidad de doble ración, especialmente en de Ciencia - liderar poder.

La figura 5.4 muestra que las científicas en el mundo académico como y campo ocupacional heterogéneo arreglos de doble ingreso el La constelación de edad solo juega un papel subordinado. la probabilidad honestidad para carreras duales es similar alto en asociaciones Con o sin diferencia de edad así como independiente de eso, quien - mujer u hombre - el mayor está en la sociedad. Para la pregunta de si después de muchos gene arreglos de un solo trabajador carreras duales posible son, obras de teatro el La constelación de edades, por otro lado, juega un papel importante. Logrando una tarjeta re a pesar de largo tiempo interrupción tener éxito con uno claramente más alto Probabilidad de mujeres científicas en parejas de la misma edad diez. [18] Lo mismo se aplica a los científicos varones con muchos años de experiencia. arreglos de un solo trabajador. Aquí, también, las carreras dobles eran años de desempleo del socio con mayor probabilidad probabilidad en científicos con un compañero o (típicamente) para encontrar una pareja más joven.

El se llama simultáneamente, en colegas asociaciones consiste Por un lado un mayor riesgo para los arreglos de sostén único (cf. Capítulo 2 en este libro), por otro lado, pero también una mayor posibilidad de que esto ocurra en una fecha posterior. Es hora de expandirse en las carreras de ambos socios. un posible La explicación obvia de esto sería que no sólo, sino sobre todo, las parejas de la misma edad esperar que dos trabajos conduzcan a contradicciones y conflictos de las demandas laborales de dos carreras. El-ser "Incompatibilidad" intentar ella escalonado con uno tradicional Division de trabajo y el concentración en solo uno (el masculino) Carrera escapar. Entonces hay una ventaja inicial para la pareja masculina. y su carrera "asegurada", la carrera del socio puede seguir.

La mayor dificultad de las parejas de la misma edad, a pesar de una larga arreglos de doble ingreso uno carrera doble a darse cuenta se convierte particularmente claro entre los hombres científicos (Figura 5.4). científico con uno colegas pareja tenía En particular en científicamente homogéneo, pero también en campo ocupacional heterogéneo parejas uno

---

18 Debido al número insuficiente de casos de sociedades unipersonales en las que el conocimiento pareja era mayor que su pareja, esta constelación de edad atípica no es aquí recibió.

claramente menor Probabilidad de carrera dual como su Colegas en Sociedades en las que la diferencia de edad para una equiparación parcial de los requisitos profesionales fue útil. La mayor probabilidad Sin embargo, los científicos varones también tenían el potencial para carreras duales. una constelación de edad atípica. Esto se aplica sobre todo a la ciencia homogéneo relaciones de pareja: científico con uno más viejo pareja tenían el doble de probabilidades de tener carreras duales que sus compañeros acostarse con una (típica) pareja más joven. De hecho, el "anciano- ren" socios han sido más capaces de utilizar su ventaja de edad en propio carreras y a través de esto en carreras duales implementar. posible A menudo había parejas que, debido a una ventaja de edad, estaban en su carreras ya avanzado eran, menos listo, este en dificultades hacia disposición a lugar, como el Socios, en aquellos el hombre estaba avanzado en el desarrollo profesional. O pero Los socios con una ventaja de edad en la sociedad tenían que venir esperar menos desventajas al hacer compromisos profesionales, ya que ya asegurado posiciones o incluso primeras posiciones (Cómo uno Cátedra) alcanzó tenía.

En resumen, se puede observar que la muy baja carrera dual probabilidad entre los hombres científicos en homosexual parejas comunes de doble ingreso (cf. sección 5.5) en parte en la mayor se puede rastrear la proporción de parejas de la misma edad, porque esto parejas tener más grande Dificultades, tiempo- y igualdad de condiciones dos carreras a realizarse en la ciencia. Además, para socios de doble ingreso observable que un atípico constelación de edad en el hizo mejor posibilidades para carreras duales ofertas

5.6.3 *Niños: carreras duales solo sin Niños)?*

Los niños deberían - por lo que la expectativa - incluso con parejas de doble ingreso Restricciones en la carrera de la mujer (científica o pareja) rin) y así conducir a carreras dobles. Además, se convirtió en teórico Se esperaba razonablemente que este (doble) riesgo de carrera tanto en el campo científico eje homogéneo como también en campo ocupacional heterogéneo asociaciones altoes.

Para científicos con campo ocupacional heterogéneo doble fuente de ingresos constelación duración independiente desde el Estar disponible de niños uno probabilidad igualmente alta de una carrera dual (Gráfico 5.5). [19] Lo mismo solo pequeño diferencias da él entre científicos con y sin hijo(s) en parejas académicamente homogéneas de doble ingreso. Aquí, la probabilidad de doble carrera para las madres fue incluso ligeramente mayor que las científicas sin hijos. Al mismo tiempo, esto significa que científicos con de larga data arreglos de doble ingreso el El fracaso o el éxito profesional de los dos socios no depende principalmente de la responsabilidad por los niños ha sido dependiente.

La situación es diferente para las mujeres científicas con arreglos a largo plazo de un solo trabajador. Aquí, sin hijos científicos uno 3 veces entonces altura Probabilidad de carrera dual como sus colegas con al menos un hijo biológico. Un posible Explicación para esto es que estas (pocas) mujeres que están sin responsabilidad no hacer ningún trabajo (remunerado) para un niño durante mucho tiempo, esta fase podrían usar para obtener más calificaciones, de modo que su posterior mejores oportunidades de carrera reducido tener.

En la sinopsis de estos hallazgos, queda claro para los científicos garantizar que solo en el caso de acuerdos a largo plazo con un solo trabajador las oportunidades cen para uno carrera doble con el nacimiento de niños reducir. Tener éxito

---

19 En este momento, el 64% de los científicos tenían al menos un hijo biológico. (parejas científicamente homogéneas 59%, ocupacionalmente heterogéneas 63%). científicos con antes de larga data arreglos de un solo trabajador eran por encima del promedio a menudo madres (83%).

Fuente: registro "Juntos Carrera hacer"; propio cálculos; ponderado Declaraciones

Sin embargo, si miras a los científicos con niños, ves algo imagen diferente En primer lugar, se dan cuenta con menos frecuencia de dos con sus parejas. Carreras académicas con hijo(s) que sin él. En cambio, jugar en segundo lugar, los niños en la realización de carreras duales en el ámbito ocupacional rogen parejas de doble ingreso, es decir, si el socio está fuera de senschaft se emplea, no importa. [20] científicos y sus socios a con campo ocupacional heterogéneo acuerdo de doble ingreso tenía uno cuatro veces asi altura probabilidad con (o a pesar de) niño uno carrera doble

---

[20] A este tiempo tenía 56% el científico al menos a corporal Niño. masculino científico en científicamente homogéneo parejas de doble ingreso eran sin hijos un poco más a menudo que sus colegas en relaciones profesionales heterogéneas (52% contra 37%).

darse cuenta de cómo sus colegas con arreglos científicamente homogéneos mento En el caso de estos últimos, las carreras dobles fracasaron principalmente por la carrera otros socios que también son científicamente activos, pero también en cierta medida en la carrera de los científicos. Es decir, el nacimiento de los hijos lleva te más a menudo dentro el Ciencia a uno (al menos temporario) Descanso de carrera que en actividades fuera. En tercer lugar, estaban - en diferencia a el científicos – el bajo Oportunidades de carrera dual en arreglos de un solo trabajador (es decir el pareja era no empleado) no por la presencia de niños.

Dada la responsabilidad principal de las parejas femeninas en los científicos chen para el cuidado de niños y uso menos frecuente de externo instalaciones o lineas de cuidado a través de Tercero (ver. El capítulo 3 de este libro y Hess/Rusconi 2010) señala la diferencia entre asociaciones científicamente homogéneas y profesionalmente heterogéneas de los científicos varones señalaron que el lento respuesta para los niños peor con los requisitos espacio-temporales de carreras de ciencias es compatible como con carreras fuera de.

5.6.4 *Arreglos de vivienda: Móvil y ¿exitoso?*

dado el alto requisitos de movilidad porque de temporario contratos así como (varía dependiendo de la disciplina) estancias en el extranjero como parte de la carrera científica se esperaba por un lado, que los arreglos de vivienda multilocales son más comunes entre las parejas académicas los diferenciales son. Por otro lado, se asumió que los arreglos de vivienda "inmóviles" mentos, es decir, vivir en un lugar común sin desplazamientos o con desplazamientos diarios, con desventajas para la realización de carreras duales están conectados -y esto en mayor medida en el caso de los científicamente homogéneos como en campo ocupacional parejas heterogéneas de doble ingreso.

En primer lugar, cabe señalar que casi dos tercios de los científicos vivían en el mismo lugar que sus parejas, de modo que ellos o sus parejas los empleados no tenían que viajar al trabajo en absoluto o como máximo todos los días. Aquí- por un lado, están las diferencias entre campo ocupacional heterogéneo y científicamente homogéneo parejas de doble ingreso relativo Pequeña cantidad (66% contra 60%). Sin embargo, los científicos vivían en comunidades científicamente homogéneas. Las parejas viven en lugares separados casi el doble que sus colegas en parejas heterogéneas (22% vs. 13%), mientras que estos últimos son más frecuentes arreglos de viajes de larga distancia condujo. [21] Para el otros vivido Científico-

---

[21] Las diferencias entre socios académicamente homogéneos y profesionalmente heterogéneos los lazos son más pronunciados entre los hombres científicos que entre las mujeres. sobre eso Además, en todas las sociedades de doble ingreso, los hombres viajaban con más frecuencia (el científico o el Pareja) como el

mujeres lejos.

a con A- o arreglos de un solo trabajador más a menudo en "bienes raíces" arreglos de vivienda (75% o. 70%). El concentración en solo uno empleo o Carrera activado con eso en más alto Dimensiones el Socios que viven juntos en el mismo lugar. arreglos de doble ingreso requerido sin embargo más a menudo – sin embargo no mayoría – multilocal arreglos de vivienda.

No obstante, surge la pregunta de si la vivienda plurilocal en realidad "recompensa" y si es así, ¿para qué parejas? La figura 5.6 muestra que para las mujeres científicas multilocalidad, especialmente en asociaciones con campos ocupacionales heterogéneos uno mayor probabilidad de doble carrera. la ciencia científicos con campo ocupacional heterogéneo relaciones de pareja LAT tenía una mayor probabilidad de doble carrera en comparación con sus pares mujeres que vivían en el mismo lugar con su pareja, pero sobre todo en de inmediato con sus colegas en asociaciones académicamente homogéneas Arreglos LAT. [22]

---

[22] Porque a más bajo números de caso se convierte en alguno arreglos de viajes de larga distancia así como en A- arreglos de ingresos no cerca recibió.

El hecho de que los arreglos de vivienda multilocales para científicos con experiencia científica las relaciones de pareja homosexual no son ventajosas, no significa, sin embargo, que son desventajosos. Así son las diferencias entre estos trabajadoras con arreglos de vivienda móviles e inmóviles relativamente bajos. Incluido da él solo uno Excepción: mujeres científicas el ser Para el los desplazamientos de larga distancia al trabajo no tuvieron un mayor, sino un significativamente menor menos propensos a tener una doble carrera que sus colegas "inmóviles". Sin embargo, esto último también se aplica a las parejas con ocupaciones heterogéneas. carrera doble ren falló aquí principalmente debido a la falta de carrera del socio. El Por lo tanto, los viajes de larga distancia de estas científicas no fueron una desventaja para ellas. propia carrera, sino por la doble carrera en Par.

Los hallazgos de los científicos varones también sugieren que multilocalidad el oportunidad para uno propio Carrera el socios y así por una doble carrera en pareja a pesar de muchos años sin trabajo puede abrirse la capacidad del socio. Científicos con muchos años de suela. Los arreglos de sirvientes tenían entonces una percepción de carrera dual significativamente más alta probabilidad si vivieran en lugares separados. uno comparativo también tenía una alta probabilidad de tener una doble carrera más con campo ocupacional heterogéneo arreglos de doble ingreso – sin embargo relativamente independientes de sus arreglos de vivienda. A diferencia de saber - En sociedades profesionalmente heterogéneas, las parejas homosexuales Vida en el mismo Ubicación no con menor Oportunidades de carrera dual "ser- castiga". [23] Uno posible Explicación por lo tanto mentiras en hacia de socios profesión docente frecuentemente practicada (cf. Sección 5.1), con la cual el vivir y trabajar en un mismo lugar parece ser más posible - y esto, sin verse

restringida en el adecuado desarrollo profesional ser.
24

en resumen poder hombre aferrarse a, eso
científicamente homogéneo Asociaciones de doble
ingreso más a menudo con multilocal tipos de vivienda
acompañado como campo ocupacional heterogéneo.
Solo para masculino científico ¿podría confirmarse la
expectativa de que los arreglos de vivienda "inmóviles"
con mayores desventajas para la realización de estudios
científicamente homogéneos tienden a asociarse con
carreras duales que son heterogéneas en el campo
ocupacional. enfatizar es también el pendiente positivo
Influencia de multilocal acuerdo de vivienda

---

23 Al igual que con las mujeres científicas, la probabilidad
de carreras duales en ciencias asociaciones homogéneas
aún más bajas para los científicos que trabajan de forma
remota delten Sin embargo, al igual que con sus colegas,
esto no disminuyó las posibilidades de que uno de los
suyos Carrera profesional, bastante para el Carrera el
pareja (y como consecuencia para carreras duales).

24 A pesar de la responsabilidad de los estados federales
por los docentes, lo que traspasa las fronteras estatales
formalmente más complicado, una encuesta de
universidades alemanas mostró que Las
administraciones universitarias se vieron entonces en
condiciones de apoyar la búsqueda de empleo del socio.
ment de los profesores recién nombrados y por lo tanto
la vida y obra de los socios un lugar común si trabajaban
como maestros (cf. Rusia Coni/Solga 2002;
Solga/Rusconi 2004).

mentos para la carrera de los socios con largos períodos
de empleo falta y en consecuencia para la realización de
carreras duales así como en sociedades en las que un
trabajo remunerado tarea fue "renunciado".

Sin embargo, los arreglos de vivienda son, como

cualquier arreglo entrelazado, dinámico y puede cambiar con el tiempo, con los requisitos y con posibilidades de cambio. En cuanto a la cuestión de si la ciencia se acopla más alto dinámica el arreglos de vivienda sujeto como parejas, en aquellos los socios están activos fuera de la ciencia, resultó que esto solo en masculino científicos el caso es. Pobre a Cuarto el científico masculino con un arreglo de campo ocupacional heterogéneo ningún cambio en los arreglos de vivienda debido a un cambio de empleador el compañero, mientras que tal estabilidad solo en un científico podría encontrarse con un arreglo científicamente homogéneo. Las diferencias entre mujeres científicas, por otro lado, eran muy bajos: en algo más mujeres científicas en académicos homogéneos que en ocupacionales rogens asociaciones tenía el Socio sin cambio de empleador, el a los cambios en hacia acuerdo de vivienda (17% vs. 11%).

En parejas de doble ingreso con ocupaciones heterogéneas, fue particularmente hombres científicos, pero también entre las mujeres científicas, la carrera dual probabilidad mayor si el socio no tiene un empleador hubo un cambio que condujo a cambios en el arreglo de vivienda (Fig. 5.7). Por lo tanto, es más probable que las parejas en las que el actividad profesional de los socios sin ajustes de movilidad (adicionales) traído con él. Este hallazgo sugiere que las alianzas y las carreras duales necesitan cierta estabilidad. Aunque eso también Si la diferencia es un poco menor, lo mismo se aplica a los machos. Científicos con un solo asalariado y para mujeres científicas con un solo asalariado arreglos, es decir, en los que la mujer (pareja o investigadora) rin) no se ha empleado durante mucho tiempo. En doble científicamente homogéneo parejas que ganan ingresos, por otro lado, no hubo diferencia entre el conocimiento trabajadoras cuyas parejas no tienen o tienen uno o más trabajadores "móviles" tuvo un cambio de empleador. Esto a su vez significa que este científico a acerca de el realización de carreras duales menos de el estabilidad del lugar de residencia de sus parejas que sus compañeras Se asocia con actividades fuera de la ciencia. Porque con ellos fue Riesgo mayor que la estabilidad espacial (también) en sus parejas con carrera restricciones Es decir, aunque una actividad del socio/ el pareja en el Ciencia no absolutamente más a menudo con móvil cambiar de empleador va a lo largo entonces son pero en el Ciencia este cambiar bastante necesario, alrededor educativo y edad apropiada posiciones a y así también combinar carreras dobles (científicamente homogéneas) real.

5.6 *Conclusión*

En este capítulo, las consecuencias de los patrones entrelazados en el Historial laboral de asociaciones para la realización de la propia (Ciencias) y examinado para carreras duales. Además- a cabo fueron las diferentes opciones de las parejas debido a su constelaciones de pareja, Responsabilidad para Niños y arreglos de vivienda explorado

En general, muestra , *primero* , que hay más científicos que Las científicas lograron encontrar puestos profesionales apropiados para la educación y la edad. (doce años después de la graduación: 86% vs. 73%). A pesar de esto Sin embargo, altas proporciones de académicos con carreras ocuparon el *segundo lugar.* carreras duales de ninguna manera el predominante camaradería arreglarmento; porque sólo la mitad de los científicos y las dos quintas partes de los científico comprendió uno carrera doble en el Par. A pesar de más alto imagen

estiércol y participación laboral en el Socios es el realización de carreras duales en asociaciones académicas, por lo tanto, no hay confianza en sí mismo firmeza *En tercer lugar,* las carreras duales en su mayoría fracasan debido a la "falta la carrera de la mujer. En casi cada segunda asociación en ciencia hombres científicos y cada sexta mujer científica capaz de lograr una educación y una posición profesional apropiada para su edad. Esto significa que en estas alianzas hubo una priorización de la carrera del pareja masculina en su lugar. Por otra parte, las mujeres en pareja tenían una carrera, luego en generalmente "junto" con ella Pareja.

Las mujeres no solo tienen menos probabilidades de

lograr carreras que sean apropiadas para su educación y edad, posiciones, también tenían períodos frecuentes (largos) de no empleo tarea. En el período de seis a doce años después de la graduación casi una de cada siete mujeres científicas practica un arreglo de un solo ingreso, principalmente debido a la licencia parental o al desempleo fue empleado. En cambio, casi un tercio eran sus compañeros el único sostén de la sociedad. Según el mito de la carrera, debería estos hombres científicos gracias a su conexión a largo plazo con el mercado laboral combinado con el apoyo de un desempleado ge socio que tienen las "mejores" oportunidades de carrera. Contrario a este mito muestran los hallazgos de este capítulo que tal género típico La división del trabajo en la pareja no "vale la pena" en la medida en que afecta las perspectivas de carrera de las mujeres (en el mejor de los casos sólo a corto y medio plazo), pero a nadie ventaja para las carreras de los hombres científicos. la carrera según remythos, las mujeres científicas tenían que hacerlo, pero no sus colegas masculinos, esperan desventajas profesionales si están de acuerdo arreglos de sirvientes con interrupciones más largas de la propia actividad profesional capacidad experto. El Diferencia entre masculino y femenino científicos y entre madres y científicos sin hijos correr con arreglos de un solo trabajador aclarado sin embargo, eso no cada El desempleo (a largo plazo) per se conduce a una desventaja, pero especialmente cuando esto se debe a la baja por paternidad o al desempleo hecho. Si, por el contrario, este tiempo se utiliza para una calificación adicional, luego pone este arreglo no es un obstáculo para la carrera.

Sin embargo, para las carreras duales, el panorama es diferente: por un lado, convertirse en Las carreras dobles se realizan con mucha menos frecuencia que las carreras individuales, por otra parte las diferencias

dependiendo de la disposición de entrelazado son significativamente menores ing. Especialmente mujeres científicas en acuerdos de doble ingreso a largo plazo. gements tenían una doble carburación con una probabilidad muy similar como sus colegas que no están empleados durante largos períodos o que (rara vez) que eran los únicos sostén de la familia. Lo mismo era cierto para los hombres Becarios con arreglos de fuente única y (menos comúnmente) de fuente única en comparación con sus colegas en trabajadores de doble ingreso con ocupaciones heterogéneas asociaciones. Por un lado cierra entonces el género típico (pero también atípica) la "renuncia" a largo plazo del empleo remunerado no necesariamente fig posteriores carreras dobles, por otro lado el (a menudo arduo) a largo plazo logro genético y coordinación de dos trabajos ninguno garantía de carreras duales. El se llama, arreglos de doble ingreso
no "protegen" contra la priorización del desarrollo profesional (para la mayoría del tiempo el des pareja masculina) (cf. Capítulo 4 en este Un libro).

La ventaja que falta de los arreglos de doble asalariado para vehículos dobles La proporción es particularmente clara en el caso de asociaciones académicamente homogéneas. La realización de dos carreras tiene éxito, especialmente para los hombres. científicas, sino también entre sus colegas mujeres - mucho más raramente, si ambos socios siguen carreras académicas que si los socios ner fuera de de campo profesional Ciencia empleado son. A pesar de largo-años de empleo, son principalmente las parejas femeninas (ciencia colaboradores o socios de científicos) que no son adecuados estabamos ocupados. Los hallazgos sobre la influencia de la constelación de edades en la Las asociaciones de los científicos varones sugieren que una relación causal La razón de esto radica en las mayores dificultades de las parejas, el tiempo y el estado realizar dos carreras científicas al mismo tiempo. Un desarrollo (relacionado con la edad) La distorsión de la sincronización de requisitos profesionales (similares) es después propicio para carreras duales. En vista de esto, vernos sobre todo parejas de la misma edad, al menos temporalmente con esta incompatibilidad una división tradicional del trabajo (ver el Capítulo 2 de este libro) o una Priorizar el desarrollo profesional de la pareja masculina sénior Este estrategia cierra eso es más tarde carreras duales no fuera de (Cómo también los hallazgos para mujeres científicas con ingresos únicos tradicionales espectáculo arreglos), pero sin duda es bastante arriesgado e implica una desventaja (en el mejor de los casos solo temporal) para mujeres bien calificadas y contribuye a la (re)producción de desigualdades en el mundo del trabajo y en relaciones

Los hallazgos de los científicos varones también dejan claro que Las parejas también tienen mayor dificultad en dos carreras de ciencias darse cuenta cuando son responsables de los niños. que esto no es se puede observar en las mujeres científicas radica, entre otras cosas, en su - uso mucho más frecuente y más temprano de la atención externa instalaciones y servicios de apoyo proporcionados por terceros (frente a un principal apoyo material de los socios a los científicos; ver. Capítulo 3 de este libro y Hess/Rusconi 2010; Hess/Rusconi/Solga 2011a). El se llama, Niños significar no por ver a interrupción de la carrera para mujeres -ni siquiera en la ciencia- pero depende en gran medida de los arreglos de cuidado respectivos (ver el Capítulo 3 de este libro). Sin embargo, el hecho de que los hombres científicos en Las asociaciones terogénicas, las carreras dobles con niño(s) son más posibles como en parejas de ciencia (allá el socios con profesiones fuera de el

Ciencia con menos desventajas para el propio Carrera

calcular tenía que hacerlo), debería animar a las universidades e instituciones científicas a para buscar soluciones específicas de la fase de vida, así como la ciencia El sistema y sus requisitos de carrera pueden diseñarse de manera más flexible. (ver. Hess/Rusconi/Solga 2011b).

Otro obstáculo para la realización de carreras duales: por delante especialmente en ciencias - representan requisitos de movilidad. Aunque parejas de ciencia solo parcialmente más a menudo como campo ocupacional heterogéneo parejas practicar arreglos de vivienda multi-locales y adaptarlos al trabajo sen (debe) es tal "movilidad" para las carreras científicas bastante necesario. Empleador – y en excelente colegios y Conocimiento- instalaciones corporativas: puede comenzar con el establecimiento y la expansión de Servicios de doble carrera y con ofertas de trabajo para los socios. contribuir a que "hacer carrera juntos" no sea sinónimo Tendencia con una separación espacial de larga data, si no permanente. el pareja es; o eso para a Viviendo juntos en uno adecuado desarrollo profesional (si no empleo) uno de los se renuncia al socio.

en realidad carrera doble y no "solo" parejas de doble ingreso Para promover, las ofertas de doble carrera deberían, por un lado, ser ya para parejas. en más temprano Las fases de la carrera deben estar disponibles (y no solo desde la cátedra), por otro lado, ser apropiado a las calificaciones de los socios y ofrecer una visión del desarrollo profesional (posterior) (cf. Hess/Rusconi/ Solga 2011b). Entonces Cómo el recomendaciones este El capítulo muestra claramente es incluso en el caso de parejas académicas, el largo plazo (!) y a menudo complicado derecho a mantener dos trabajos que no sean sinónimos o una garantía para la realización de carreras duales. Por eso Las parejas harían bien en no tener ningún empleo remunerado con el logro equiparar a una carrera (cf. también el capítulo

1 en este Un libro).

<u>EL FIN</u>

Descripción

Con todo, crear una vocación fructífera ciertamente no es un logro fácil, pero es concebible cuando tienes la perspectiva, las habilidades y el comportamiento correctos. Recuerde que el logro no se trata solo de lograr sus objetivos, sino también de mantener un equilibrio entre actividades serias y divertidas, apoyar las conexiones y agregar al público en general. Su proceso de carrera puede estar cargado de momentos prometedores y menos prometedores, pero es importante mantenerse versátil, adaptable y listo para beneficiarse de sus errores. Por fin, hacer una profesión juntos está relacionado con hacer una vida satisfactoria para ti y para todos los que te rodean. ¡Mucha suerte en tu excursión!